U0073639

找到好伴侶，人生翻對面

How to 找到好伴侶

改變人生的第6個方法

王鼎琪、王宣雯、賀世芳——著

ge Your Lif

推薦序／

願意付出的人也就是好命的人

理財科技人 Aaron

大家好，我是在二〇二〇年底參加一個培訓課程時，認識了宣雯老師，由於她是該兩天系列課程的第一位老師，所以我的印象特別深刻。宣雯老師所教的是自我行銷及國際禮儀等相關，她特別分享了她的生命故事，如何在英國留學後能在當地最知名及高級的精品店成為最棒的銷售顧問，甚而成為銷售主管。但在事業高峰時，為著家人，竟放下了一切回到台灣，這真是讓我感動。老師的榜樣，就是在教導我，如何成為更好的自已。

謝謝宣雯老師在課程結束後，仍願意繼續指導我，讓我有幸能向老師繼續學習。現在我也在學院中繼續服務，並且有幸透過這一本《How to 找到好伴侶：改變人生的第六個方法》持續學習，能夠閱讀到這一本書，實在是很幸福的一件事！我覺得，要成為一個更好的人，就是要成為一個願意付出的人，那也就是一個好命的人。而好命的人，不是自已享福，而是他願意把自已的幸運，也成為別人的祝福。讓我們一起把愛傳出去，藉由這一本書找到好伴侶，一起成為更好的人！

推薦序／

女人要自強

藝繡國際集團創辦人 朱國榮

首先必須說，這本《How to 找到好伴侶：改變人生的第六個方法》讓我看了很有感觸，也非常推薦所有不論單身或已婚的女子，都可以一起來閱讀及分享。

我本身是台灣人所說的「陸配」，從二〇〇九年來台灣定居立業，跟老公一起照養三個活潑可愛的孩子，至今也超過十年了。

其實不論是台灣的女子也好，大陸的女子也好，甚至是觀念較開放的西方女子也一樣，我相信身為女人都會面臨到類似的問題。這個世界長久以來就是個以男性為主的社會，畢竟男人身體較為強壯，喜歡征伐建立地盤，千百年來也已習慣以男性為中心發號施令；相對來說，女性生理上本就比較弱勢。且不論東西方自古以來都有貶抑女性的習慣，積習已久，就算近代男女平權聲音很大，帶來社會觀念不少的突破，但回歸到日常生活，女性依然比起男性有較多的限制以及被賦予不一定合理的期待，導致做什麼事都有各種門檻，特別在養兒育女方面被定義是主責人。在男女共組家庭後，就算男方在外衝刺並且偶爾拈花惹草也沒關係，女性被暗示要當個賢淑的管家者，在各行各業各領域的遊戲規則裡，女性偏向被列為第二選擇，因為多數認知裡男性「有家要養」，因此必須擔任較高職位、領較高薪水。

根基於這樣原本就不公允的世界，男女雙方早在彼此尚未認識前，就已經處在不平等的起跑點，好比女子被教育為要守婦德，相對來說男性卻有較多的自由。像我們看到這些年來發生許多政商大人物的外遇事件，男性往往輕描淡寫說是「犯了全天下男人都會犯的錯」，多半時候還能保住官位；但若是女性發生不倫事件，那就絕對會被社會公然撻伐，剎那間變成萬惡不赦的惡女人。而我們經常看到的男女戀愛中，太多癡心女子對應的卻是無情男，旁邊人恨得牙癢癢的，當事人有時候卻還在為加害者說話。

講這麼多像在吐苦水，但其實我本身的家庭婚姻是非常幸福美滿的，可是我也必須說，這中間依然有種種挑戰。曾經我也是被稱為女強人、事業有成，我在很年輕的時候就已經很懂創業及理財，並且以不輸男人的氣魄一肩扛起照養我大陸家人甚至家族的責任。儘管我事業有成，最終依然得面臨亙古以來女子的課題，要選擇事業還是愛情？要專心照顧孩子還是以事業為重？最終我的女性原始本能還是超越了事業心，放棄原本的事業嫁來台灣，相夫教子了好幾年，而且我也碰到不論台灣或大陸媳婦總會遇到的，包含婆媳問題、妯娌問題等等，當然也曾和夫婿吵架，以及種種對孩子教養的爭議等等。

我對這一本《How to 找到好伴侶：改變人生的第六個方法》是心有戚戚焉，我自身的幸福是靠著自我爭取，加上長期溝通和先生及家人建立共識，但我身邊很多女子的情況就不是如此了。我本身是陸配，因此特別關心陸配，真的有太多案例。大陸嫁來台灣的女子，一方面男尊女卑的錯誤思維依然在男人們的腦子進駐；二方面遠嫁台灣的女子本就較無後援，來到一個人生地不熟的環境，並且初始有種種限制，連身分證都沒有，更無工作權，一切得依賴另一半，看對方的臉色，那樣的日子很不好過。感恩有這一本書，書上的很多理念及建言都可以帶給女性朋友很多幫助，並且我相信不同角色的女子，不論你是妻子、愛人或者單身者，都可以從本書上獲益良多。衷心感恩有這樣的好書。

推薦序／

花若盛開，蝴蝶自來

魔法講盟 CEO　吳宥忠

首先恭喜宣雯老師出書了！

認識宣雯老師也好幾個年頭，通常都是在課程上面的合作，所以跟宣雯老師的互動也很頻繁，可以說我是她的哥哥、她是我的小妹。她在課程以及主持上面的專業能力，是大家都知道的就不用我在這邊贅述，我要說的是私底下你們看不見的一面，一個努力的宣雯、熱愛學習的宣雯、心地善良的宣雯、熱心公益的宣雯，最後一個最重要——「就是男人緣非常好的宣雯」，直白一點講就是「很多人追」，我所知道排隊追求的隊伍已經非常長了。

所以在第一時間知道她要寫有關於一本「如何找到好伴侶」的書籍，就覺得由她來闡述是再適合不過了，我只能用一句話來形容宣雯老師，就是「花若盛開，蝴蝶自來；人若精彩，天自安排」。

我常在新聞媒體或是抖音視頻裡面看到一個橋段，就是當男女在談感情的當下，通常只會要求對方的條件，而對於自己就沒有那麼的在意，可以說是寬以待己，嚴以律人。這樣基礎下的感情通常都是分手結尾，原因其實非常的簡單，感情的經營並不是只有一方付出或是只有一方優秀。世間上大多男女的感情都是求來的，而不是吸引來的，這樣的模式在地位上本來就是不平等的，時間一久只會更加不平等，換來的就是「別離」，而我在宣雯老師身上看到的是「吸引」。

用她的「知識」去吸引，她熱愛學習新的事物，並且與大家分享；用她的「肢體」去吸引，她有長時間在學習中國傳統舞蹈，所以肢體表達充滿了魅力；用她的「開朗」去吸引，她有小女孩般天真可愛的笑容；用她的「專業」去吸引，她在課堂上的專業能力總是吸引著台下學員；用她的「樂觀」去吸引，她凡事都是用最樂觀的態度去面對所有的挫折阻礙；用她的「善良」去吸引，她總是默默在幫助弱勢的族群，包括流浪動物……總之太多了。

這些所有一切的「善循環」最終都回到她身上，所以非常期待宣雯老師用寫書來分享她自身的經驗，也非常期待看到這本《How to 找到好伴侶：改變人生的第六個方法》，在未來市場上可以拯救許許多多感情上的孤兒。當然相信宣雯老師的分享不僅僅可以用在情感上，在自我能力提升方面著墨也非常地多，期待這本書的問市！

推薦序／

接受經歷感受，增添此生精彩

神彩藝藝創辦人　洪孆娥

第一次被宣雯邀約為《How to 找到好伴侶：改變人生的第六個方法》寫序時，才發現這位單身女子對人間男女的態度如此感性。宣雯也是神彩藝藝打造個人百萬IP課程的講師，我在中國將近二十年，因為疫情在台灣創建了「打造個人百萬IP」課程，引進中國盛行的「社交新零售」，讓探索新創者打破失敗魔咒，直面創業黑暗面，成功地從失敗認識正確，面對創業失敗、創業者的行為矛盾，及創辦人必須避開的陷阱，進而克服創業的問題！

關於二人世界的酸甜苦辣，是體驗美好人生的過程，懂得去接受經歷感受，才能增添此生精彩。自媒體時代的資訊及訊息分享，也讓此世代的朋友們深感匱乏，往往在尋找方向及定位中迷失。這本《How to 找到好伴侶：改變人生的第六個方法》告訴我們，如何強大自己並且化被動為主動，掌握主場優勢。

愛情是盲目且容不下第三者的，但若提升為感情，如父母、如手足就不一樣，彼此都是因為需要被愛而走到一起。在戀愛及共同生活中發現對方的缺點，這時周遭覬覦者趁虛而入，偏偏小三、小王往往都是密友，這樣的衝擊痛到讓人懷疑人生，懷疑自己是否成為愛情詐騙的受害者！

讓我們帶著這一本書，走過愛情的風風雨雨，讓自己成長為更好的人，探索愛，尋找愛，改變人生！

推薦序／用心經營，遇見愛

前南非國會議員　陳阡蕙

「找到好伴侶，人生翻對面」，多麼貼切而寫實的一句話，真羨慕現代的人，多麼幸運能有這樣專業的人士給予引導、協助，藉由眾人的生命歷程，幫助大家減少許多無謂的碰撞與傷害，而能順利地如願以償找到生命中的好伴侶！

鼎琪老師是我的好姊妹，雖然比我年輕許多，卻是我景仰的「現代女才子」，不僅僅是學識淵博、閱歷豐富、具有寬闊的國際觀，重要的是她的真誠與無私，願意傾囊相授！真希望早個四十年就能認識她，或許我就不需要飄洋過海地到非洲，去尋找我生命中的伴侶了！

拜讀了本書部分的文章，深感文中的每一篇文章、每一個主題都清晰地帶領著我們應有的思維及方向，想當初要是有這麼一本「葵花寶典」在手中，我也就不會那麼茫然，而必須經歷那些摸索的艱辛！當初媽媽曾經告訴我：「要嫁一位愛妳的男人。」我卻偏偏覺得我要嫁一個我愛的男人，現在「對或錯」似乎也不再是那麼重要了，重要的是我找到了我生命中最寶貴的好伴侶，彼此相知相惜、攜手共進、把握每一個當下共同成長！我們的案例應該會是「找到好伴侶，人生翻對面」的最佳寫照吧！

祝福每一位幸運的讀者們，讀過這本書、經過這一番洗禮後，都能如願以償找到您人生中的好伴侶，但也請千萬記得，「好伴侶」可是終生的事業夥伴，一定要用「心」經營喔！

推薦序／

共度今生的好伴侶

電視節目主持人 陳苰

宣雯是我華視全方位主持人班的學生，是一個努力不懈的小女生。我從她的身上看到了現代年輕人具備的成功條件，以及明明是一個已經具有高度的講師，卻還願意放下身段參與，並且不斷地學習。我從宣雯身上看到的就是，不管是在做任何一個事業，她總是親力親為，很榮幸可以跟她交流。

祝福所以看到這一本《How to 找到好伴侶：改變人生的第六個方法》的讀者，也都能踏上不斷學習的道路，提升自己的心靈，打造正能量的自己，最終尋得能夠共度今生的好伴侶，這本書推薦給您！

推薦序／

擁有更美好的人生與幸福

社群營銷權威　陳威樺

您好，我是威樺，是一個社群營銷的專家，過去曾跟世界各領域的大師學習，包含行銷大師傑．亞伯拉罕 Jay Abraham、商品大王吉姆．羅傑斯 Jim Rogers、理財大師羅伯特．艾倫 Robert Allen、以及 Business & You 權威王晴天博士等等，曾任魔法講盟行銷長，也是一個多次站上國際舞台的教育培訓界講師，同時也是《社群營銷的魔法：社群媒體營銷聖經》、《銷魂文案：打造變現力 NO.1 的超給力文案生成器》書籍的作者。我的書籍現在於全台博客來、金石堂、誠品書店……等等各大書店暢銷熱賣中。

我並不是要吹噓自己多麼厲害，而是我要鄭重地跟您推薦宣雯老師。我第一次認識宣雯老師是在新店矽谷國際會議中心，當時她擔任主持人，我則是準備上台的講師之一。她給我的感覺是一個充滿正能量的領導人，而且努力又上進，這是非常難得的。之後我們因為事業上的關係常有接觸，我在這段過程中看到她卓越的人際關係，深深感到佩服。我們都知道事業要成功，專業是基本條件，更重要的是您要有良好的人際關係，而這方面宣雯老師絕對是您可以學習的榜樣。

我很榮幸可以幫這一本《How to 找到好伴侶：改變人生的第六個方法》寫推薦序，我更高興這本書的問世，因為這本書可以解決社會上超過百分之八十的問題，包含人際關係、交往溝通、兩性相處、自我提升，當然還有更多、更多……。衷心希望這本《How to 找到好伴侶：改變人生的第六個方法》可以幫助到您，也希望您讀完這本書可以擁有更美好的人生與幸福。

推薦序／啟動愛情密碼的鑰匙

佳尼特集團創辦人　莊住維

本書作者王鼎琪目前擔任「世界華人工商婦女企管協會」總會理事，本人過去曾因拓展國際貿易到世界各國參展及洽談生意，加上近十年「世華」會務的投入，因而有機會接觸到海內外眾多優秀的人才。尤其是像鼎琪這樣，才德兼具、大氣格局、表現出色的女性，總會讓我讚嘆與欣賞不已。從她身上，可以看到「世華」新世代女力的共同特質——朝氣蓬勃、熱情開朗、積極上進、聰慧美麗、多才多藝、獨立自主並且創業有成。更難得的是，在極端忙碌的情況下，仍然抱持回饋社會、造福人群的熱誠與使命感，尤其是對世華組織的無私奉獻，更是令人感佩。

儘管擁有諸多頭銜和榮耀，也曾經創下許多人難以望其項背的傲人紀錄，但是，在我心目中的鼎琪，不但從未顯現驕矜之氣，自大高傲；相反的，她總是面帶溫暖的笑容，展現謙遜的態度，提供所知所能，熱情為大家服務。我想，這正是她如此成功的原因之一。

隨意從網路搜尋「找到好伴侶」這五個關鍵字，就會出現超過二千萬筆的搜尋結果，足可見社會大眾對這個話題的關注程度。相較於坊間多數非常淺層的方法與技巧陳述，本書卻是從「規劃人生前進的方向」著眼。所謂「築巢引鳳」，要先「築好巢」，讓自己擁有良好的內外狀態，才能發揮吸引力法則「引鳳求凰」，尋得好伴侶。

要嫁要娶，看緣分；要嫁得好或娶得好，則更要取得書中所描述的幸福密碼。本人於一九九一年結婚，一九九五年和外子一起創業成立佳尼特公司。過去三十年，共同面對所有家庭和事業的挑戰，如今兒女各有所成，事業也朝向多元發展。創業以來，每年提撥集團營業額千分之一，實施公益慈善的「千一奉獻」。二〇一六年，更在外子的支持下成立基金會，建立常態的公益機制，讓回饋社會的慈善心念可以永續。這些發展，雖然不敢認為是充分掌握幸福密碼，但是從家庭到事業、從營業到公益，確實都需要具備相同的理念、共識、承擔，才能夠同心齊步、向前邁進。

這本書是鼎琪作為「全腦教育家」最真情的分享，三位作家合力讓這一堂愛情課，從課前準備到課後練習，從理論解析到實際操作，從觀照內心到付諸行動，從猶豫膽怯到充滿自信，提供了多面向、全方位的經驗分享與剖析，不但是一把啟動愛情密碼的鑰匙，是一本「找到好伴侶」的最佳工具書，更是規劃人生前進方向的心法秘笈。所謂「相愛容易相守難」，鼎琪的第十四本著作指引讀者「找到好伴侶」，盼望在不久的將來，事業表現如此出色的鼎琪，也能透過新的著作，分享她嫁入豪門望族、生兒育女、經營婚姻的成功之道；幫助更多「找到好伴侶」的夫妻，掌握婚姻長久經營的法則。

推薦序／知識經驗可以改變一個人的命運

學橋文化首席講師　張錦貴

宣雯是我教過的學生裡面比較主動積極，會去跟其他同學、師長互動聯繫的同學。我記得剛看到她時，還是活潑可愛的小女孩，沒想到不到幾年的時間，我看著她成長為老師，我看到她主動積極地學習，成長很快。記得我那一班的同學，在教創業以及如何成功，我分享了許多家庭、事業經營的秘訣就是持之以恆地學習，並且不間斷地充實自己。我看著宣雯一路上很努力地經營自己，無論臉書、IG、FB……還有多角化的經營，當記者、主播、主持人、講師，她的成長，讓教過她的我非常開心，我想這也是為什麼那麼多男生同學一直追求她的原因。女孩子可以長得漂亮，但更要有持久的魅力以及吸引力！

據我所知，宣雯不曾花時間特別去參加相親活動，但是一路上卻有非常多的男生喜歡她。我發現「自信」的態度才會吸引到好的另外一伴，宣雯總散發滿滿的自信與魅力，因為持續不間斷地學習與實踐。所謂人以群分、物以類聚，人容易被同性質的人所吸引，因此大量地學習、不間斷地行動，非常重要。我看宣雯上過很多不同的課程，持之以恆地跟許多大師學習，她也汲取了我的人生經驗，提升自我、充實大腦、付諸實踐。我想很多人都今天聽一下課程，明天可能就忘記了要付諸行動，但我在宣雯身上看到滿滿的執行力，每一個階段都很清楚規劃她要做的事；我看到她是一個執行力很強的學生，不但熱心地幫助許多同學，也在許多舞台上發光發熱。正因為她主動積極熱情的個性，讓身為導師的我很感動。我很推薦這一本書《How to 找到好伴侶：改變人生的第六個方法》，藉由許多真實故事，分享經驗案例，幫助更多的人參考。這本書沒有太多學術性的大道理，卻有真實的心路歷程，藉由成功以及失敗的案例，以及非常多小人物的故事，讓人可以從中領悟到，找到另外一伴的條件以及自己該努力的目標。

我的婚姻幸福美滿，也是因為我在學術教學之中不斷地學習成長。老婆跟我感情一直很好，我縱橫商場這麼多年，但我一直認為家庭是最重要的，無論在外多麼風光，在家裡都要講情講愛，我之所以事業成功就是因為有好的另外一伴，所以另外一伴對於家庭的影響真的很大。

我也希望藉由這本書籍能夠幫助到更多的人能找回幸福快樂的下半生，下半生要過得精彩，找到好的另外一伴真的可以說是非常的重要。阿貴老師我最希望的就是，能夠讓每一個人的幸福人生都能夠完美！這也是為什麼我把教育當作是我的生命熱誠，因為我知道知識經驗可以改變一個人的思想跟命運，我自己也是一個作家，我希望透過我個人的生命故事跟經驗，幫助更多人找到方向，如果能夠讓人因為我的書受到一點點的啟發，我都願意去做。我在我的課程中常常都會跟我的學生講很多人生經歷，希望大家都能像我這樣走上一個幸福快樂的生活！我很開心我教的學生做到了，並且把這樣阿貴愛大家的精神傳遞下去，推薦大家來閱讀這本書！

推薦序／成功或失敗的經驗都能幫助我們成長

佳興成長營創辦人　黃佳興

我是佳興成長營創辦人黃佳興，我認為全方位的幸福人生是每個人都在追求的，想要過上幸福的人生，就是要不斷學習、不斷精進！而這也是我在全亞洲巡迴演講，持續在強調的幸福能量。教育是我最大的使命、最重要的責任，感恩我的母親從小到大的教悔，讓我擁有全方位成功的人生，我也希望每個人都能活在幸福、成功、快樂的世界裡，因此我很熱愛我的生命。宣雯是個孝順愛父母的女孩，有個溫暖的家庭，當這一本《How to 找到好伴侶：改變人生的第六個方法》要出版時，我就迫不及待來推薦這本書！

我常常告訴我的學生們，幸福是一切的根源，因此我聽到這本書是改變人生的方法時非常興奮，我希望藉由書裡真人真事的許多故事，帶給人們更多啟發，讓自己的生活可以幸福快樂。這本書裡面的故事，都可以幫助大家學到不同的經驗，從中體會到如何找到另外一伴的方法，無論是成功的或是失敗的經驗，都能夠幫助我們更加成長跟卓越！

宣雯一路上都有非常多男孩子喜歡，正因為「花若盛開，蝴蝶自來」，提升自我的能量跟魅力，以及不斷學習前進，是最重要的一件事情，這也是我創辦佳興成長營的使命。我希望更多人從中學習得到幸福的能量，非常期待這本書問世，也推薦大家閱讀這本書，讓自己獲得成功幸福的人生！

推薦序／

學會這招，連月老都主動幫忙牽線

亞洲區塊鏈經濟策略大師　羅德

在一個悠閒的午後時光裡，我漫步在咖啡館中聽著抒情音樂，看著投資理財的書籍，耳裡傳來的歌曲唱到——「這份愛會不會讓我們過得太疲憊，會不會讓你偷偷掉眼淚？如果彼此抓得太緊，會不會讓我走得太狼狽？這段愛會不會讓我多懊悔？」不經讓我想起，我們都彼此相愛，但卻不知道對方真正要的生活是什麼。許許多多的我們以為，或許根本就不是對方想要的，在愛情的包容中，我們都掩蓋了自己不喜歡的一面，就如同我們都會將自己最喜歡、最好的東西先給對方，但卻沒去細想對方可能不需要且不喜歡。例如，老公總是疼愛老婆的做法就是將自己最愛吃的雞腿給老婆吃，這份愛對老公來說是一份寵愛，但卻不曉得對方或許根本就不喜歡吃雞腿。在愛情裡，相愛容易相處難，寵愛也是一則學問，需要讓對方真正感受到被疼愛的滋味，而不是一種被束縛的壓力。

有些人會問，為什麼結婚前跟結婚後在一起的舒服感會落差那麼懸殊呢？婚前是夢想情人，婚後卻變成惡夢罪人呢？是因為我們都忘了繼續增進自己的能力，總以為滿足了現狀而不去著想對方真正要的安全感在哪裡？時代在進步，思維也需要不斷有進度，現在的離婚率會如此高，是因為我們都忘了當初在一起時最初的心動了。俗語說：「花若盛開，蝴蝶自來。」這不只適用在未婚男女之上，其實婚後也需要不斷提升自己的能力，讓對方擁有持續愛上你魅力的魔力，這樣的婚姻才是最幸福的。因為對方知道你會為了他不斷精進自己，而不是讓對方感覺已經擁有他之後就不再遮飾，生活過得越來越無趣。回到當時熱戀的初衷吧！這是讓對方離不開你的最佳方式。

有些人可能還是未婚，又或許現在看這本書的您還是單身，切記！不管在什麼樣的情況下，我們都應該將自己調整在最佳狀態，就如同花若盛開，蝴蝶又豈能不來呢？男人喜歡女神！那我們就把自己變成女神，自然吸引到許多異性想認識你；女人喜歡男神！那就把自己變成男神，當我們的條件提升後，自然會吸引到更多欣賞我們的異性出現。沒有人會願意將視線注意在自己不喜歡的人事物上，最簡單的方式就是把自己變成有自己風格特色且高價值的人物，這樣的您就連月老都會主動幫忙牽線。當信徒請月老協助找對象時，先篩選出來優質的頭號人物就會是你我，又何必煩惱找不到自己的白馬王子或白雪公主呢？

以上的方法都在這一本《How to 找到好伴侶：改變人生的第六個方法》中，我是亞洲區塊鏈經濟策略大師羅德，在愛情世界裡支援你們經濟麵包的好朋友，讓我們一起找到好伴侶，獲得幸福人生吧！

作者序／找到合適的另一伴需要設定目標

王鼎琪

當我應邀於出版社來寫作這本書時，我特地跑到連鎖書店去找找是否有類似的主題，但卻在琳琅滿目的書架上，看到許多兩性相處的書籍，卻鮮少有如何教大家找到好老公或好老婆的書籍！難怪對於很多人來說，要嫁個好老公或娶個好老婆，還真的不知從哪下手呢！您或許會問自己，真的可以透過本書內容的經驗分享，找到心目中的公主或王子嗎？

在我三十七歲以前，我非常專注在自己的工作上，飛行四十五個國家，瘋狂的時候，一個月可以飛三個國家，太盡情於熱愛自己的工作而忘了有終身大事，一度讓家人以為，我是個不婚族呢！其實從小在非常幸福的家庭中成長的我，對於婚姻是非常嚮往的，常常聽到父親說，女孩子家長大，就是要找一個好老公把自己嫁好，這句話深植我的心，但是這句話的背後竟然沒有解答！沒有人教我好老公的定義是什麼？去哪裡找好老公？好老公何時會出現阿？學校沒教、補習班沒教、爸媽也沒教、老闆也沒說！

大部分的人在家庭生活中都是從耳濡目染中找尋軌跡，我也不例外！我的父親是位非常傳統保守的生意人，年輕時候白手起家，從南部來到台北打拼事業，是個謹守本分、務實的年輕人，這個特質就是我找尋好老公的基本條件，他聰明、顧家、會賺錢、稍懂廚藝，就這些簡單的特質，應該很好找到跟他類似的另一半吧！沒想到，在三十七歲以前都沒找著！因此我發現，順其自然、墨守成規還不見得是個好方法！在二〇一〇的那一年，我在上海工作，突然遇見一位許久未見的台灣朋友，她隨著教會來到上海辦活動，我們在一場世界級大師的活動現場重逢，而那一年我剛從美國受洗成為基督徒回到上海打拼。那場活動正是大名鼎鼎的領導力大師約翰麥斯威爾（美國作家、演講家、牧師，撰寫超過六十本領導力書籍）的三天訓練，不管是這位台灣友人還是這位世界大師，不約而同地在這個時空我都聽到他們所說的一句話——原來要找到合適的另一伴也是需要設定目標的。

我這位教會的女性友人叫做 Tiffany，她是工作上非常有能力、長得又可愛的姊姊，她上過世界各領域大師的課程，包含兩性專家約翰葛蕾、談判大師羅傑道森、美國包威爾將軍、世界第一名潛能激勵大師安東尼羅賓，她跟我分享她與先生的認識是如何奇妙，更重要的是分享她對另一伴所設定的目標中，有一條並未載明清楚，因此她的先生符合了幾乎每一項她所設定的條件，唯獨「頭髮」這個條件不夠完整，因此高帥、有才能、風趣又多金的 Tiffany 先生卻是位光頭。當然，他們幸福美滿至今。

在這個故事中，姊姊讓當時的我當頭棒喝，打醒了我對尋找另一伴的模式必須重新啟動新程式。如果、假設我想要、我確定要，這件事就要下功夫，天下沒有白吃的午餐，對於你所渴求的一切，如果連你自己所要的都不清楚或不在意，誰可以幫你呢！我發揮了自己在工作上、事業上精準的能力，將時間管理、效率目標管理、業績目標管理（可參考我的另一本著作《大腦商戰格命》）轉換成尋找另一伴的管理，沒想到，奇蹟般地，我在二〇一一年的十一月遇見了他，他在二〇一二年二月向我求婚，四月我們結婚了，目前我們也很幸運地育有一女一男，稱為一個好字呢！好運、好快、好孕與好育是我的寫照，這年我三十七歲，來回飛往大陸、大馬、美國，至今八個年頭過了，總有些經驗可以跟你分享吧！希望這些分享，可以給你線索，祝你幸福喔！

作者序／迎向更好的自己，一起找對的另一伴

王宣雯

當時我寫這一本書的時候，也是起心動念，因為身旁很多的傻妞還有工具人，看著他們這麼努力付出，卻得不來任何的回應。我發現很多人在愛情中都會失去自我，被欺騙、被傷害、被拋棄、被利用，即使遍體鱗傷，依然執迷不悔地認真甚至是真心地付出！這些傻姑娘、天真的男孩沒有犯錯，他們唯一的失誤就是不知道如何選擇對的另外一伴！導致他們生活很辛苦，甚至到後來弄得妻離子散，小孩子沒有爸爸媽媽……。

這本書讓我們知道，可以透過變成更好的自己，不只是讓自己過得更幸福、值得，在此同時，也能找到值得愛的人！與其悲哀地被選擇、當個備胎，我們更應該相信自己有能力擁有幸福的資格，讓我們更懂得去珍惜生命中的每分每秒，創建自己的愛情世界、美好生活，以及點點滴滴。這些都是可以被我們自己用雙手建造的，

透過成長找到好的另外一伴，不僅是提升心靈，讓我們更加明白如何好好對待自己、另外一伴；更重要的是，在愛自己的過程中還能成長，讓自己體認到過得快樂、幸福，是更重要的一件事！

當年我聽了我爸爸媽媽的愛情故事，我的媽媽是一名外商會計，白富美，有非常多男人追求她，不管是醫生、律師、老師，甚至是教她的教授，很多人絡繹不絕地上門提親。但是他們卻一點都不瞭解我媽媽，只是單純看到我的母親長得很漂亮，像白雪公主一樣。當年我的父親為什麼能擄獲芳心，也是因為父親付出了真心。當年在沒有人願意當保人的狀況下，替母親擔保做外商的會計師，我的爸爸是第一個願意幫我媽媽做好幾千萬的保人。當時一千萬有多大？一個工人一個月不過幾百塊工資而已，如果媽媽跑了，也許父親他一輩子都不可能翻身，那可以說是一個天文數字，如果不是真心實意，根本不會有人有這麼大的勇氣！我的爺爺、奶奶，他們超過五十年的婚姻也是幸福美滿，從大陸逃難到台灣，一路軍隊追殺，不離不棄，即使受傷也依然在危險中保護對方，這更讓我深切發現，一個對的另一伴對一生有多大的影響！

我發現夫妻感情一路都這麼好的家庭，正是因為他們找到了好的另外一伴，互相吸引、信任、無私！找到彼此合適的優點，在組成家庭以及子女培養、栽培上都可以春風得意，這就是因為找到了方法，成為彼此最棒的自己和成就對方成為更好的自己。我身邊離婚、分手的朋友，正因為沒有找到好的另外一伴，導致事業破碎，甚至小孩失去照顧！這本書裡面有非常多的真實故事、真人真事，不管是美好婚姻的朋友還是經營失敗的案例，都是很好的反思借鏡和學習對象，藉由真人真事，幫助你在找到對的另一伴有很大的收穫！

我身邊的親人們，他們都給了我很大的啟發，每一個故事都是很好的借鏡，如何找到好的另外一伴，真的非常重要。過去，我也曾因為交到很好的男朋友，讓我不管在學業、事業都得到了很好的提升！我也深刻發現，另外一伴對於自己的影響是非常大的，他可以讓你正向，也可以令你負面；他可以讓你快樂、更可以令你心碎！藉由這些真實真例，我相信會給你很大的反思！

如何改變人生？前五個方法大家可以看《改變人生的五個方法》一書，而第六個方法，就是找到對的另外一伴，他在你的後半生命是如此重要，可以一選擇天堂，一選擇地獄，就讓我們藉由這本書開啟智慧之門！我也會同時邀請這些真人真事的好朋友們，在之後的講座課程中真人現身說法，為什麼他們會有失敗的愛情、婚姻，以及後來如何獲得美好幸福的完整家庭以及感情。未來我希望能舉辦更多線下活動，協助大家選出優質的另外一伴，透過活動瞭解每個人的天賦潛意識。不僅可以讓我們活得幸福安心，同時也可以幫助社會更好！希望透過這些篩選的機制、真實故事的分享，讓你更加明白自己以及自己想要的對象。讓我們迎向更好的自己，一起找到對的另外一伴！

作者序／不幸福少女、人妻的華麗轉身

賀世芳

二〇一九年初，我參加了一場可以自訂題目的演講比賽，當時許多朋友建議，在台上當然應該分享我最擅長的聲音專業阿！但，與一位長者的一番對談後，我改變了秀聲音、講專業的計劃。

長者：「選擇主題最重要的前提是，你平常和人聊天時什麼話題你最感興趣？什麼內容最能讓你的朋友們產生共鳴？」

我：「大家最喜歡聽我說男女感情問題，還有怎麼找到好老公，怎麼經營婚姻……」長者：「那就是了！」

我：「有道理耶！哈哈，那我改成『如何找到好老公好老婆』！」

決定這個主題後，其實我害羞了好幾天，因為要把自己過去失敗的感情經歷，以及一些曾經很扭曲的價值觀，攤在陽光下讓大家知道，那真的讓我感到很掙扎不安……但同時內心深處又有一個更強烈的聲音，催促我把它們說出來——「如果妳的故事，能夠啟發一些正在選擇對象的男女、正愁苦於兩性相處的人，那麼即使只讓一人找到了珍愛與幸福，那就該說出來！」

很感謝這位長者的開導，他就是出版此書的董事長王晴天先生。感恩，不僅源於演講比賽非常順利，我得到了第一名！更因為書寫講稿的過程，敦促我深入思考與挖掘，使我正視了自己「改變」後的好轉人生、看到了「選擇」是命運的主宰、重溫了我們夫妻是如何「開創」與「守成」，才能讓十六年的婚姻，日日靜好！

二〇二〇年底，非常榮幸得到王晴天董事長的寫書邀請，讓我有機會延伸此主題，將更多關於情感的故事、案例以及實踐方法，透過書寫的方式傳達出去；我堅信它將比我在配音、表演與聲音教學上，更具有實質助人的迫切性。因為，一個人如何與自己或他人相處，以及伴侶之間如何達到和諧與平衡，那是我們時時刻刻都需要面對的課題阿！

我書寫的部分以五個範疇為主，分別是：

- 過去的價值觀，帶我走入選擇對象的迷霧叢林。
- 打破社會框架，不再用「條件」邏輯選擇對象。
- 怎麼吸引異性？如何與伴侶的情感與日俱增？
- 如何改變自己，讓自己成為一個好伴侶？
- 真實的相處案例，讓故事與您的心靈對話。

每個章節，我都會以貼切的說明、舉例或故事，讓您清楚明瞭，舊有思維習慣若是不變，將對情感造成多大的影響或傷害；我也會以嚴格自省的角度，面對過去的每一段感情，借鏡之餘，您將不再犯下類似的錯誤，並建立一個反思與改進的機制；最重要的是，我到底做了什麼？怎麼做？才能從過去的不幸福少女、人妻，華麗轉身，走入另一個超幸福國度，並且長達十六年！書裡我都寫下了明確的步驟與實踐方法，因為書寫初衷，我希望它不是心靈雞湯，而是一本實用的情感工具書。

既然學校沒有這門課，我們更要靠自己認真地學習與改變！我曾是個放牛班的太妹，歷經無數次的失敗情感，我能幸福，相信您一定能！

目錄

Lesson 1

如何對大腦下指令找對另一伴？

王鼎琪

Lesson 2

如何身體力行尋求另一伴？

王鼎琪

Change Your Life

Lesson 3

如何找到心靈伴侶？

王鼎琪

Lesson 4

愛情童話

王宣雯

Lesson 5

扎穩根基，好好愛自己

賀世芳

Lesson 6

練好功夫，為愛闖通關

賀世芳

Lesson 7

高分通關，愛情不打烊

賀世芳

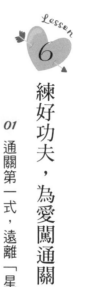

Lesson 8

愛或不愛，都在細節裡

賀世芳

Lesson 1

如何對大腦下指令找對另一伴？

王鼎琪

01

如何設定大腦程式語言，找到另一伴？

不知道你有沒有聽過神經語言程式（美國學習心理學與精通計算機人工智慧程式的理查班德勒博士），以及精通語言學的約翰・葛瑞德博士，結合催眠大師艾利克森所開發出來的一門專業心理技術？或是聽過「你的話語具有詞彙的力量」、「你今天所有的一切都是自己催眠自己的結果」，這些來自世界第一催眠大師馬修史維的見地？

這些你所知道或不知道的宇宙秘密，都深深影響著你我。二〇〇七年有本暢銷書《秘密》（作者為朗達・拜恩 Rhonda Byrne），發現從古老到現今有個秘密就是——你生命中所發生的一切，都是你吸引來的。它們是被你心中所抱持的「心像」吸引而來，它們就是你所想的，不論你心中想什麼，你都會把它們吸引過來。

這本書造成巨大的轟動，帶給全球逾千萬人喜悅的轉變，而作者朗達・拜恩也入選為《時代雜誌》二〇〇七年全球最有影響力的一〇〇人之一。

為什麼鼎琪老師我要談到這些呢?事實上,內在的力量會影響你外在的一切,有太多的Know how可以教你如何找到好伴侶,但大部分的時候,是你還沒準備好自己的心。不管是害怕、是猶豫或是不確定感,以下這個練習可以幫助你釐清自己想要找到另一伴的渴望有多高,做完之後便可以更坦蕩地面對自己的內心。

以下是九宮格練習,請從中間的主題開始放射狀地去思考周邊八個問題,問問自己的大腦準備好答案沒?

如何確定有了他／她，比自己一個人過得還好呢？	你願意做出什麼樣的犧牲讓與自己不同的她／他進入你的生命？	我全然地預備好自己可以接受生命中有個人來陪伴我一生嗎？
我是真的需要另一伴的陪伴嗎？是有個更深遠的目的還是隨波逐流呢？	我有多渴望找到另一伴？	我願意毫無理由與條件地分享我所有的好與壞給另一伴嗎？
我願意分享我的時間或空間給另一個與我不同的她／他嗎？	我是否具備腦身心靈全方位的健康，來歡迎另一伴的到來？	我準備好豐足的財富管理模式，好讓另一個人與我分享嗎？

當你做完這些問題時，其實你該比任何人都清楚，你的另一伴何時會出現。鼎琪老師我之所以能夠在短短二個月的時間把自己嫁出去、嫁得好，那是因為我訓練自己擁有一股無可救藥的自信，並且不斷地告訴自己要嫁就一定會嫁得好，形成一股「我要就一定成」的心像能力。

我告訴自己該是時候了，我把每月飛行其他國家的頻率降低，我把自己要嫁人的訊號告訴大家，我把自己旅遊世界的心情收斂起來，我把自己的健康調到最佳狀態，我專注自己的財富往建立家庭的道路佈局，我呼求有形與無形的幫助。

我願意犧牲時間、空間，分享所有的一切給另一個陌生人（可能的伴侶）；我渴望與這位陌生人一起去完成很多事，而這些事情非他莫屬；我找到兩個人做比一個人做更興奮的種種目標，並且期待著！你是否擁有一顆期待、興奮、正面又積極的心來準備迎接這一切呢？

我開始設定這些程式後，我也寫下了一些參數，下面這張筆記是當年我在設定目標的時候所列下的另一伴條件。因為「明確帶來力量，模糊帶來膠著」，如果你從來沒有好好地想著自己真正需要的是什麼，當這個需要來臨時，你也看不到與抓不到。

哈佛大學在一九七九年，曾經對它的商學院 MBA 學生做了一個調查——「有多少人，對未來設定出明確的目標？」當時的研究結果發現：百分之八十四的人，沒有明確目標；百分之十三的人，有明確目標，但沒有寫下來；百分之三的人，有明確目標，並且有寫下來，甚至包含詳細的執行計劃。十年之後，哈佛大學重新對當年的這些學生做了調查，有了重大發現。

百分之十三有設定目標，但沒有寫下來的人——他們的收入比沒寫目標的人，平均高出兩倍！百分之三有設定目標，且有寫下來、並訂出明確執行計劃的人——他們的收入比沒寫目標的人，平均高出十倍！因此，寫目標這件事，有助益於你清楚明白需要。請使用以下九宮格練習，祝你實現願望，找到心中所想的白馬王子或公主！

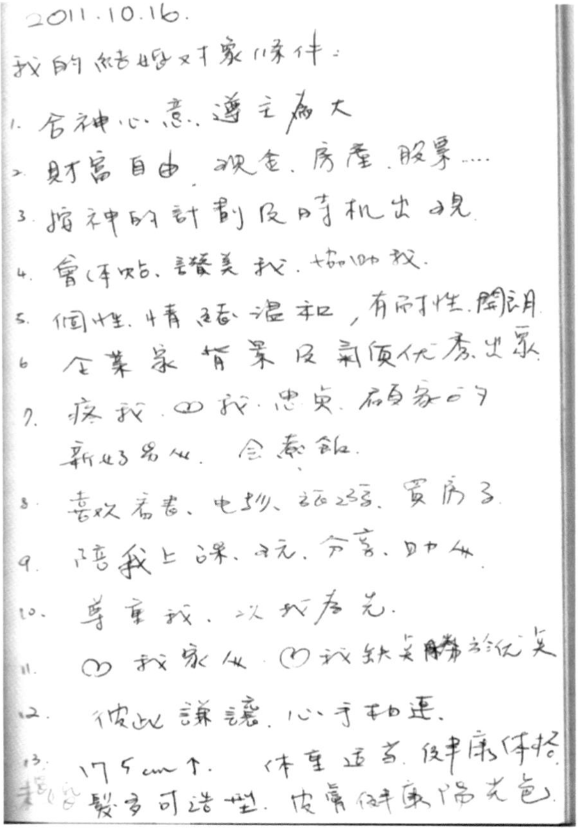
2011.10.16.
我的結婚对象條件：
1. 合神心意、遵主為大
2. 財富自由、現金、房產、股票....
3. 按神的計劃及時机出現
4. 會体貼、讚美我、協助我
5. 個性、情緒温和，有耐性、開朗
6. 企業家背景及氣質优秀出眾
7. 疼我、♡我、忠貞、顧家的
新好男人、會煮飯
8. 喜欢看書、电影、旅游、買房子
9. 陪我上課、玩、分享、助人
10. 尊重我、以我為先
11. ♡我家人、♡我缺点、優点
12. 彼此謙讓、心手相連
13. 175cm↑、体重适當、健康体格
髮多可造型、皮膚健康陽光色

14. 身心靈都健康
15. 喜欢小孩子(生2個和我)(双胞胎)
16. 孝順、善良、有自己公司
17. 活潑、積極、有耐心对我
18. 有社會地位、有影响力

育兒教養觀念	財富狀況	外貌
夢想	另一伴的條件？	信仰
興趣	原生家庭狀況	工作類別

學歷	學習態度	年齡
飲食癖好	另一伴的條件？	健康狀況
作息	個性	交友生活圈

02

找另一伴要用腦嗎？

鼎琪老師我著作的十餘本書籍中，皆有談到左右腦主宰了我們的生活、工作、學習、溝通、財富……等等幾乎所有的一切。那瞭解左腦與右腦的差別，跟我們找另一伴有什麼關係呢？雖然沒有誰是完全的左腦人或右腦人，但假設你是一位左腦人，思考偏邏輯、線性條列式、理性、數據分析等，而你的另一伴可能是右腦人，思考偏感性、放射狀、以圖象想像為主等，你還能看見他／她的優點嗎？你要找一位與自己雷同的人，還是找一位與自己互補的人呢？

如果你不瞭解左腦和右腦，你會發現對方怎麼還沒跟你開口哪？又或是她／他怎麼都不明白我真正要的是什麼呢？或又是，對方已經非常明白地在提示你很多訊號了，可是你又接不了招！於是姻緣、緣分就這樣陰錯陽差地過去了！如果妳是一位超級右腦的女生，妳可能盼望著另一伴是位幽默風趣，可以陪妳說天說地、講白日夢的人，甚至陪妳唱歌跳舞到天明，更可能在祈求超浪漫的告白與相處；可是他卻是個左腦男生，他務實計劃、理性溝通、不做半點想像，那妳到底是找到還是沒找到合適的另一伴呢？又或是妳是位超級左腦人，而出現的另一伴可能是超級右腦人，總在迷迷糊糊中不敢下決定。在經歷過好幾次的失敗經驗後，是不是以為自己找不到好的另一伴呢？我可以跟大家分享的是，把自己變成中間腦，瞭解人的不同，你將無所不能；做自己的翻譯官，你將無所障礙。

我有一位三十六歲的女性朋友，她極度浪漫，也喜歡買包、買鞋，同樣式的衣服可以買好多種顏色來放著。她的男友是位財經專家，也是我的學生，有天問我：「老師呀老師，她到底適不適合成為我理想中的那一伴呀？」我丟了一些問題讓他自己去思考——你可以選擇一位跟你一樣的數字專家，每天計算投資報酬率、周邊效益或經濟利益；你也可以選擇一位給你創意、給你色彩、給你不同刺激感，讓你激發更多衝勁的人。選擇安逸或刺激都是種選擇，那些你認為的安逸不見得是安逸，那些你認為的刺激最後也有可能是安逸，你要不斷去尋找其他人才能夠明白人與人間的差異很大！任何人事物最終的結果都是你選擇來的，只要明白一個道理，沒有人可以跟你有一模一樣的思維、行為、習慣，所以不一樣是正常的。如何在選擇後，享受所有的一切，讓自己學會均衡、平衡；在選擇前看見這篇文章，你就可以大膽做決定了！

不是自己或對方不夠好，而是有沒有看出彼此之間的不同是要彼此欣賞的、是要探索美好的。我在世界知名傳奇人物梅第爺爺（Mehdi Fakharzadeh）身上看見一個真實的故事，他是一位伊朗人、來自亞熱帶地區的伊斯蘭教國家、家世背景中庸、相貌平凡、學業成績尚可，他追求的另一伴是冰島人，來自天主教家庭、寒冷的氣候、家世背景優渥、美麗優雅、常春藤名校資優生。請問這兩種不同特質、背景且生活習慣迥異的人，有不同文化下的腦，一位是藝術家、一位是精算師，結論是什麼呢？他們創造了六十年的美滿婚姻、締造了許多世界的紀錄，因為他們明白人有左腦與右腦的差別，就不再把焦點放在差異上，而是把焦點放在共同的目標與願景上！如此一來，與你有差異或衝突的人，都有可能是你的另一伴，那麼你選擇到好的另一伴的機率是否又增加了呢！

接下來，我們一起來練習發現左腦伴與右腦伴的好處，完成這兩個練習後，你覺得自己要找左腦伴、右腦伴還是全腦伴？還是練習自己成為中間腦呢？

7	8	1
6	左腦伴的好處？	2
5	4	3

7	8	1
6	右腦伴的好處？	2
5	4	3

03

如何掌握嫁好或娶好的幸福密碼？

有沒有聽過交往十多年然後分手的？或是好不容易交往好久，結婚後又離婚的？到底是什麼在影響我們嫁好或娶好？能夠幸福久久的因素到底是興趣相投還是財富滿滿呢？一個人的興趣會因為時空背景與年齡的不同有所變異，一個人的財富多寡也會影響麵包與愛情之間的選擇，但是如果你也懂得「價值觀」這檔事，你嫁好與娶好的成功機率就更大了！什麼是價值觀呢？它是一種處理事情判斷對錯、做選擇時取捨的標準。有益的事物才有正價值，對有益或有害的事物評判的標準就是一個人的價值觀。不同的價值觀會產生不同的行為模式，進而產生不同的社會思想，這攸關文化、兩性、宗教、對環境的態度、工作、家庭、政治、民族認同等所產生的安全感與不安全感，或主觀或客觀的態度而影響的幸福感。

如果你的價值觀與另一伴不同，即便你們有相投的興趣、共同的話題、良好的財富，最終都有可能因為小事而分離。如果你們的價值觀排序不同，也會常常因為兩人對於事情輕重緩急的認知程度不同而有所爭執。以下提供我曾經在三天內花了美金一萬元，向世界第一名領導力大師約翰麥斯威爾所學習到的 Law of identity and Define Your teammembers，找同一律與定義夥伴的程度所用到的三十八項價值觀，找到自己的六大核心價值觀，也用同樣的方式去幫助身邊另一個人找到自己的核心價值觀。當你做了這個練習，你會發現找合夥人、員工、團隊成員的分層，甚至定義另一伴都變得好容易！

怎麼運用下面的內容找出自己的重要核心價值觀呢？

❶ **第一步**——請瀏覽以下表格三次。

❷ **第二步**——圈出對你最重要的十五個價值觀。

❸ **第三步**——把這十五個價值觀挑出來寫在一張白紙上。

❹ **第四步**——從這十五個價值觀中刪掉五個。

❺ **第五步**——剩下的十個當中，請編出最重要的順序依序一～十。

THE LAW OF IDENTITY 一致性的定律

Accountable **責任** 對於行為及結果負起責任	Achievement **成就** 有心追求卓越	Authority **威望** 擁有決策、人力及資產上的權力	Balance **平衡** 平衡工作、家庭及嗜好上的時間及努力
Change **變化** 期待並重視變化、持續進步以及不同的作法	Commitment **投入** 把感情或智慧加諸於行動、努力之上	Competence **能力** 掌握你的技巧、知識和能力並且有效地去執行	Courage **勇氣** 願意去嘗試可估計的風險以及去嘗試自己不喜歡的事情
Creativity / Innovation **創造力／創新** 用新的思維去思考，嘗試用新的方法去完成目標	Customer Satisfaction **客戶滿意** 在客戶滿意度上達到傑出的表現	Diversity **差異化** 尊重多樣化的文化及生活方式	Effectiveness **有效** 精確地執行來達到應有的結果
Efficiency **效率** 用最少的費用、浪費及不確定性在定時下產生結果	Fairness **公正** 公平地對人以及被對待	Faith Religion **信念／宗教** 信仰	Family **家庭** 和家人在一起的時間及品質
Fitness **健康** 身體的健康以及最安康的生活	Fun **有趣** 有能力開心、幽默並且開玩笑	Growth **成長** 投資在一輩子永久的學習、個人成長以及自我學習	Honesty **誠實** 保持自身的信用以及誠懇待人

Independence **獨立** 避免被人影響， 引導以及被人控制	Integrity **正直** 言行一致，無論我和誰在一起，我永遠做最好的自己	Knowledge **知識** 某領域的專家，通過經驗或讀書吸收知識	Legacy **遺產** 今日有所貢獻， 但不忘明日延續性
Loyalty **忠誠** 忠誠地對待每個人，理想、習俗、起因還有責任	Money Wealth **金錢／財富** 有價值的事與物	Passion **激情** 熱情的情感、興奮以及無限的熱忱	Perfection **完美** 達到人事物的真善美
Quality **品質** 卓越的標準	Recognition **表揚** 在達成目標後， 給予和得到的表揚	Simplicity **簡單** 缺乏複雜性 及混亂性	Status **地位** 擁有一個重要 及威望的系統
Structure **結構** 形式、步驟和系統	Teamwork **團隊合作** 一個團隊或者是 一組人的努力結果	Trust **信用** 在正直、能力或者是在一個人和一件事的特質上，穩固的依靠	Urgency **緊急** 步調快速， 重視行動
Volunteerism / Service **志願者主義** 服務社區和社會， 非盈利組織	Wisdom **智慧** 擁有深入的瞭解， 並有洞察力、知識， 有能力做好的判斷		

當你懂得這項練習的奧秘之後，或許你就可以明白之前的情人為何不適合；或許你可以明白什麼人可以當朋友、當同事、當工作合夥人；什麼人真正適合成為你的人生合夥人？我用這個練習幫助自己從認識到結婚，僅短短二個月就互定終身。也因為這樣的練習，在我投資的事業（股份占比較低）或合夥的事業（股份占比較高）當中的股東，我會因價值觀的不同做不同的安排。

當你越明白自己的價值觀，你就越容易找到好對象，你也不容易浪費時間在與自己價值觀不一致的人身上。我常聽到誰的男友騙走她幾百萬，或聽到誰的女友移情別戀，其實當你的心中有個價值觀的參數，你就不會只著眼定情在外表、興趣、家世背景、工作類別。因為價值觀就是骨子，外表再怎麼掩飾，骨子內的一切才是影響你們適不適合、幸福不幸福的根本。我覺得這個練習值了好幾萬、好幾百萬，因為與不對的合夥人或交往對象相處，你的損失往往超過你能想像的。

04 找另一伴要靠分析師或鑑賞團嗎？

依據古希臘神話的說法，太陽神阿波羅在德爾菲神殿裡留下了銘言，訓誨世人——人生最重要的事乃是「認識自己」。假如真能瞭解自己的身體與心理在成長過程中所需要的詳細訊息與知識，想必能一生過得健康美滿——「達到了表裡合一，就得到了幸福」。雖然我們誕生的時候沒有附帶一本大腦使用說明手冊或認識自己找到另一伴手冊，但有樣東西存在，那就是直覺力！

二〇一一年的十一月，當我第一眼看到我先生的時候，不知是哪回事，我心中的 OS 竟然跳出一個訊號給我：「不會吧！這會是我的先生嗎？」我對自己在工作上應徵人才、協助企業從零到上億業績、從本國到跨國的專業經驗加上直覺力，幾乎有八～九成的精準並且屢試不爽二十個年頭，從我開公司至今，輔導過個人或本國、外國企業皆是。但從沒想過，沒有太多交往經驗的我，怎麼會第一次跟新朋友見面就有這種 OS。沒想到這 OS 在兩個月後成真了，我莫名奇妙地接受求婚，也莫名奇妙地答應結婚，這就是直覺力給你的訊號！

直覺力是指追隨你內心的指引，不經過邏輯推理而把握本質的能力。邏輯能力我們都很熟悉，我們從小就接受嚴格的培養；而直覺力很神秘，來無影去無蹤，很難把握，但它真實在我們的右腦當中。所謂的五感（視覺、聽覺、味覺、嗅覺、觸覺）、高感官、第六感、預知、預測、預言是存在的，只是我們忘了用、很少用、沒人帶我們練習用！有種東西叫潛意識，它給你的直覺答案可能比你的感覺或邏輯來得準確，我們需要做的是平衡直覺與理性思考；讓人的本能造福人類，並不意味著要拒絕科學邏輯。倘若你也可以從兩者之中找到平衡點，通過尋求這種平衡，我們自己最終會將頭腦中的所有資源都善加利用。不用特地去相信姊妹們或哥兒們的分析，他們的故事與經驗，不管是好是壞的都與你無關，他們可能說得把你嚇壞，也可以讓你更不知所措！

更重要的是，如果你的潛在另一伴發現，他被拿來秤斤論兩時，一定會鑾傷心的，因為別人眼中的世界與內在的聲音，真的沒辦法取代你們兩人的視野與內在需求，唯有多花時間與精神做自己的練習，而不是聽東聽西，到處品頭論足。讓我們把每天直覺告訴你的訊號寫下來，持續做個八天看看！

第7天	第8天	第1天
第6天	直覺力 告訴我什麼？	第2天
第5天	第4天	第3天

Lesson 2

如何身體力行 尋求另一伴？

王鼎琪

01 去哪裡比較容易找到好伴侶？

找個經紀人

為什麼你需要個經紀人？想想明星、藝人、房產、保險、銀行等，這些服務與商品都需要一個代理人（經紀人、保母）的概念，他們可以協助你解決很多事情。舉例，他們的角色很像私家偵探，可以提供你可靠的線索、提前幫你過濾不好的人、可以把你的特色傳達出去、可以避免不必要的尷尬、節省你寶貴的時間，這是最自然與安全的方式。你的經紀人就像你的朋友一樣，大概知道你會喜歡的類型，然後把對象介紹給你。而且一開始可以利用共同朋友相約出遊來好好地認識對方，這種方式可以最自然，趕快把你的求偶訊號發給可靠的經紀人吧！這些經紀人最好是誠懇、務實、事業有成，對人謙卑有禮、有孝心且熱愛助人的，他的眼光所吸引來的，對你的交友才是有幫助的！

網路雷達

網路交友近幾年來非常流行，就算沒有玩過APP交友，但一定也聽過幾個著名的交友軟體或網站吧！這個方式似乎最適合不喜歡外出的宅男與宅女，藉著原始文字或圖片交流情感。對於喜歡交往異國或異地情人者，網路上找另一伴成功的機率也不小。對於喜歡在網路世界生活的人，有自己一套的語言與生存模式，雖然網路上奇怪的人也蠻多，但還是不乏有人找到真愛。所以對這種虛幻的交友模式有點興趣的你，可以去嘗試看看，但還是要以安全為主喔！

學習場所

現在指的學習場所例如教會、語言學校、才藝班、補習班、訓練中心、讀書會、講座、藝廊、音樂中心……等等，在這些場合出現的人，比一般人來說更熱愛學習、有積極的企圖心。這些會為了個人的成長或增加一技之長學習的人，至少態度是不錯的，勤奮努力、向上向善的人聚在一起，容易遇到質量不錯的另一伴！舉例，你去參加投資理財課，至少去參加的人要不是有興趣就是想成為專家或已經是專家，來看看有沒有新的亮點，如果你希望另一伴有投資概念或跟你有共同話題可以討論，這是一個不錯的選擇。也有人在英文補習班認識，本來是要把英文學好去國外留學，結果反而認識之後不想出國了，在台灣成家立業的案例也有。但不管是哪一種場合，保護自己、先觀察對方都是最高原則。

工作環境

你想找哪一類的另一伴？除了在你現有的工作環境下，你也可以換去一個可能有好的另一伴的工作環境。舉例，我有個學生很想嫁牙醫師，於是她就想盡辦法去應徵各種牙醫診所的助理工作，她可以用非常低廉的薪水去學習一個新領域，積極想盡辦法進去這個環境。於是工作環境中全部都是牙醫相關領域的人，牙醫的朋友也是牙醫，牙醫的供應商也可以介紹不同牙醫診所的牙醫，陪牙醫出席講座身邊也是一些牙醫實習生，因此她離嫁給牙醫是越來越近了！如果你想嫁給律師、老師、獸醫師……你應該知道去哪個工作環境獵人了吧！

高級場所

去遊艇聚會、高爾夫球場、信用卡貴賓服務活動、高級名車鑑賞會、品酒會、蘇富比拍賣會現場、珠寶活動、私人會所、騎馬俱樂部、名流社區、高級飯店、高級旅遊、想辦法坐商務艙……等等，這些場所出沒的人可能是你未來的另一伴，也可能因為他幫你帶來另一伴的緣分，別忘了轉介紹的力量還有吸引力法則。

我有一位朋友在飛機上陰錯陽差被升等到商務艙，服務他的空姊現在已經成為他的另一伴了！還有一位我的女性學生叫Tina，她陪好朋友去打高爾夫球，卻在那遇到她的白馬王子，一位知名的高爾夫球教練。

家人介紹

聽到家人介紹，心理想著：「這不是相親嗎！這麼丟臉的事情怎麼可能發生在我的身上呢？」但其實若願意給自己一個機會，就當交一個新朋友的心態去認識對方，也許會有意外的發展呢！而且家人與親戚介紹的人，通常第一關都已經篩選過，條件與品格都是長輩認證過的，也許當不成情人也可以多一個好友，我就是一個血淋淋的案例。我透過父親，請他當我經紀人的時候，他暗地與對方的經紀人密謀相親這檔事。於是我本來是要去當對方的顧問，因為工作關係沒有設防地去認識當事人，就這樣，在雙方經紀人與家人的促使，加速了整段的成交時間。家人在協助你尋找另一伴的時候，扮演非常重要的角色。尤其是你的長輩，像是爸媽、姑媽、阿姨、舅媽、乾媽、嬸婆等，若他們是家庭幸福又事業有成者，他們的介紹往往就是一種背書、一種加速器。

02 如何用行動找到另一伴？

不論我們對關係有多渴望，如果不去安排，終究只會讓時間白白消逝。或許你是一位忙碌事業的人，或是非常喜歡賺錢的人，但是如果你沒有投入經營感情所需要的時間或付出相對的行動，找到另一伴就是更長久以後的事了。以下行動方案請安排進去：

❶ 去認識朋友或是像去面試一樣。當時的我無法接受「相親」兩個字，拒絕好多人的安排，後來我把它變成去面試人。這個轉換後，我很專業地給自己安排，一週可以面試幾位新人，一個月就有多少的量，三個月、六個月，當你認真了，資源變多了，速度就會越來越快，篩選的時間也縮短了，經驗加上直覺，一拍即合的可能性也就容易判斷了！有時候自己沒有準則的時候，沒有絕對值時，用用這招相對值，也是不錯的吧！

❷ 面試的時間不用長，一頓飯、一部電影、逛個街、下午茶、一起去書店找幾

本書、一起去參觀某個地方、一起去拜訪誰，就足夠讓你初步確認是否能跟這個人聊起來。倘若話不投機，也不至於浪費太多時間。相信你並不想讓擇偶變成疲累的事，萬一忙碌追求、忙碌失落，一想來就讓你沒勁。對於尋求另一伴的渴望若是真實存在，我們要做的就是有效率地在日常中完成，而不至於影響原本生活太多。不要抱持太大的得失心，還記得鼎琪老師我說的「無可救藥的自信與相信」嗎？其實找到好的另一伴是非常容易的。我們常覺得，真愛是萬中選一適合自己的那個人，但如果不去多見見別人，又怎麼有機會碰到他呢？

第 7 週	第 8 週	第 1 週
第 6 週	你的行動計劃 是什麼？	第 2 週
第 5 週	第 4 週	第 3 週

03 如何穿搭讓另一伴找上你？

文學青年風

熱愛知性的文青打扮，喜歡 DIY 手作品，支持環保，比較少穿名牌，有的話也是平價名牌，穿衣風格與生活如出一轍，追求的都是質樸無華、以舒適為主的衣服，質地大多是全棉、麻質，身上呈現的多是格子與條紋的簡單圖文，有時為了增加配搭趣味，會戴上帽子（草帽、棉帽、鴨舌帽）、頭巾、打結的小圍巾、領巾、絲巾，穿著白色的布鞋或漁夫鞋等。這樣的裝扮容易吸引內在保守、單純、膽子比較小的另一伴跟你接觸。

日韓星系風

多是以米色、杏色作為主色，全身顏色不多於三種，並以淺色系配搭為主，像是淡淡的藍、灰、粉。秋冬穿搭多以柔軟的冷衫、羊毛天然質地為主，下身女生是一條中長裙子或牛仔褲、男生則是簡單的西褲或牛仔褲和清淡色上衣。這類男女生在乎衣服品質多於款式，很重視低調實在感。這樣容易讓人感覺平易近人、溫柔體貼、務實達人、戲劇中的夢幻感。

休閒運動風

大部分衣服是 T-shirt、Polo 衫、風衣、拖鞋、運動褲、瑜珈褲、涼感外套、洞洞衣。個性呈現不拘小節，很容易跟人打好關係。很多時候甚至不會精心打扮，選購的都是一些運動品牌的衣服，穿衣較單一化，顏色簡單、款式簡單，不太費心思。

這種人看起來大而化之、重視健康、不拘小節、重視生命與熱情，這類人很容易吸引喜歡戶外陽光型、熱愛運動的人。

可愛自然風

喜歡穿卡通裝、迪士尼、吊帶衣，不管男生、女生的衣服、褲子或包包上都有可愛圖騰，或是吊一些填充物掛飾。這會讓人感覺童心未泯、清純又單純，讓人很想保護，這時防禦心瞬間降低，很多事情就很好談。你應該有看過一些外表有點酷的男生，可是一拿出鉛筆盒或是小包包，你發現上面的卡通圖騰，就可以猜出外表的冷酷不是他故意的，平常對你故作正經狀，其實很期待你給他的呵護與關心喔！

時尚端莊風

時尚如歐洲大品牌，特別重視衣服款式與質感，崇尚精品或名品，看得出來出處與個性的華麗感或莊重感，這種穿著讓人感覺你的大器、重視國際感與優雅的氣質，特別讓人感覺你有學識、家境不錯、重視家庭倫理、喜歡文化藝術，來自有點背景的家庭。

我就特別喜歡穿著這樣的男士，可是很少碰到。除了我在英國唸書的時候，倫敦街道上處處可見，也因為到處都是，分辨不大出來哪個特別。回到台灣後又去大陸工作，就很少看到這類的男士了。雖然我的另一伴平常不是這樣穿著的，但在重要場合他的穿著風格是偏義大利時尚感，幸好他本人的氣質有傳遞出這種感覺，所以有符合到我的標準！

課後練習

1. 你覺得自己是哪種穿著的人？

2. 有沒有想要改變自己的穿著？

3. 你希望另一伴是哪種穿著的人？

04 做哪些練習容易找到另一伴？

學會愛自己與愛人

大家面臨的往往不是找不到另一伴的問題，大部分的問題在於自己忽略自己的存在感。一位沒有自信的人，即便長的再美、再帥，都呈現一股沒有陽光的陰暗感，總是覺得自己不夠好、別人不會愛上我！這些負面的思想會讓愛你的人卻步、讓有可能的另一伴被你築起的高牆擋住。

我建議你從今天開始，多重視自己的內在感覺、多愛自己一點、多留點時間給自己，而冥想是一個不錯的練習。

每天靜心十～二十分鐘，放下手邊的一切，打開網路上的靜心冥想音樂（或是看哪一種音樂對你最快有放鬆的作用），在這十分鐘進行的時候，什麼都不去想，但做一件事，告訴自己：「我愛我自己、我有愛自己與愛他人的能力。」然後就放空。

在我的輔導經驗裡，我看見太多人因為害怕、過去的傷痛、對未來的恐懼而放棄追求美好的人事物，找到另一伴也是！你必須要做愛的連結，從此與愛的訊號連結在一起，這不用花錢，但卻可以給你帶來意外的收穫。

課後練習

寫下冥想後你得到的啟發

日期：　　年　　月　　日

啟發：

學會管理情緒

世界第一名的潛能激勵大師安東尼羅賓（Anthony Robbins）說：「情緒管理的能力與成功的能力成正比。」心理學家研究也發現，管理情緒能力的EQ，比智商IQ更為重要，會影響你的快樂。對於學習動機、人際關係、抗壓能力，以及工作成就、與另一伴的相處都有決定性的影響力。

你平常如何訓練自己的情緒？有情緒是正常的，但情緒要上來時，有沒有建立一個焦點轉移處？

舉例，我自己有一個秘密基地叫做「外太空」，當我知道我的情緒要爆炸時，我會先把負面訊號傳遞到「外太空」，那裡有一支生化、玄化、神化的隊友，幫我處理這些負面與無法應對的情緒。然後我給自己的暗示就是打打自己的右大腿，告訴自己再出發，意思就是從頭來過，再想一遍、說一遍、做一遍，就會有更好的腳本與結局。

如果你有這樣的意識，你會發現人人都想跟你交朋友、人人都難不倒你、沒有人可以影響你的情緒，只有學會掌握與管理自己的情緒，就可以有更清晰的頭腦去做選擇。這個在心理學叫做「心錨」，它是神經語言學（NLP）裡面的一項心理技巧，又可以稱為「聯想法則」。

稱它為「心錨」的原因在於，使用這項技巧必須將某種心理或生理狀態與自己的某樣行為或動作連結在一起，就像是對自己下了一個錨一樣，所以稱作「心錨」。它能夠幫助你建立習慣、調整身體心靈與情緒狀態。

所以假設你是一位情緒管理很好的人，會不會吸引更好的另一伴來找上你呢？我認為會的！往往很多很有才情的人，但讓人卻步的原因就是他的情緒掌控能力太差，讓人不敢深交阿！

的課後練習

為自己找出一個心錨，想一想如何讓自己的情緒好一點

日期：　　年　　月　　日

啟發：

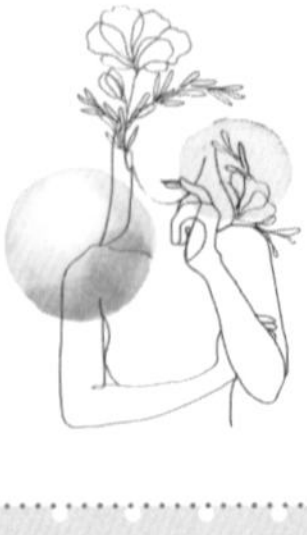

學會讓自己好看

這裡講的就是乾乾淨淨。最基本的就是把自己的臉弄乾淨、頭髮洗乾淨，衣服、鞋子都穿乾淨。為什麼這麼基本的概念，鼎琪老師要特別強調呢？很多工程師為什麼身懷絕技，但是總覺得交男女朋友的時候碰釘子呢？原因是不小心的頭皮屑、沒刮的鬍鬚渣、未上妝的痘痘臉、不修邊幅的邋遢穿著，真的會扣分。正所謂佛要金裝人也要衣裝吧！學歷經歷很好的你，不要因為這些小事情，讓人對你扣分了！

我採訪過很多人，給人第一印象的就是這些小細節。大家都覺得大多數的人都應該知道要注意，但實際上還是有一堆人太過自我，覺得這個無所謂，所以嚇走一些還是蠻重視這些表象的人。因此，到了要找另一伴的特別時期，還是要注意一下這個小細節。

學會獨立的能力

這所謂經濟獨立、感情獨立、思想獨立，是我所倡導的！要能快速地找到另一伴，這三項能力的具備是非常重要的。有些人覺得找到另一伴就是飯票的保證，有些人覺得自己的快樂與另一伴有關係，有些人很容易被另一伴或他人所影響，我還是建議你快快認清這點。我之所以可以那麼快嫁人，那是因為我問過自己——如果沒有他，我是否可以一樣生存的非常好？甚至，如果他沒有辦法滿足我財富上面的需求，我是否能夠接受呢？

大部分的交往中，不順遂的理由都與金錢有關，如果你可以提早準備好或是有認清這點的預備心，那麼恭喜你，成功一半了！自己要做一個快樂的人，才會去吸引跟你一樣快樂的人，這叫物以類聚、人以群分。一位拿得起放得下、萬事萬物隨順姻緣、保持正面積極的思想家或生活家，就容易吸引這樣成熟的另一伴來找你，你說好嗎！

學會讚美

人與人間最快破冰的方法就是讚美，學會讚美自己、學會讚美對方，學會讚美對方的家人、朋友、同事、媒人婆（經紀人），他們都扮演非常重要的角色。讚美就是一種催化劑、開心果與甜蜜果，不需要花錢，但它絕對有魔力。我認為要找到另一伴，學會讚美真的很重要。想要幫你的人，因為你會讚美他，最佳的機會一定先留給你！

我常常在百人活動面前做實驗，讓人快速熱情起來、改變現場氣氛、與人拉近距離的方法，就是先玩一場讚美遊戲。讓對方在三分鐘內，看著你的眼睛，不間斷地持續讚美。往往被讚美的人，心情超級莫名地開心，凶神惡煞退去、眼神開始溫和、五官馬上變美又帥；而練習讚美的人則覺得僅僅三分鐘卻是有點困難。因此，我們覺得很簡單的事，平常都沒做到，也沒有人帶著我們練習，而這小小的練習，對於你與另一伴的的關係也是有助益的！

課後練習

想著可能的另一伴在你面前，你有哪些字句可以讚美對方

日期：　　年　　月　　日

啟發：

學會不完美

沒有完美的團隊，只有互補的神隊友！鼎琪老師覺得這個世界之所以可以平衡，就是因為我看到大多數的夫妻像團隊成員一樣，幾乎都是互補型居多。意味著他擁有另一伴所沒有且嚮往的特質，所以才有崇拜的吸引度。

舉例，鼎琪老師從小數學成績一直都非常普通，所以特別嚮往數學能力很好的人。可是從小到大遇到的數學老師都很兇又長得很安全，沒有特別好的印象，所以特別期待男生有好的數學能力，會很酷喔！直到遇見另一伴是數學系畢業的，這種崇拜感油然而生。這就是我講的，容許自己的不完美，給別人有趁虛而入的機會。他非常的害羞，不喜歡與人講話，選擇數學系就是認為不用面對人報告；而我，卻是每天都要面對人講話，甚至面對上百、上千人講話，這就是互補。

Change Your Life

課後練習

想想看另一伴跟你有哪些互補，或是想找找哪些互補的能力

日期：　　年　　月　　日

啟發：

Lesson 3

如何找到心靈伴侶？

王鼎琪

01 五個原則尋找心靈契合的另一伴

講到心靈伴侶，那麼鼎琪老師就很想問問，你們相信靈魂這件事嗎？靈魂到底是什麼？靈魂，在從古至今的宗教、哲學和神話中，被描述為決定前生今世的無形精髓，居於人或其他物質軀體之內並對之起主宰作用，是一種超自然現象；靈魂亦可脫離這些軀體而獨立存在，也有人認為靈魂是永恆不滅的。一個人的肉體消失後，其靈魂是否存在存有爭議，但人生哲學、宗教信仰和神話故事卻是影響人類靈魂觀的三個文化範疇。

靈魂是人或物的一切思想、情感、行為的主宰，靈魂主宰人的同時也可以獨立存在，再進一步，靈魂是不滅、不會隨肉體死亡的，靈魂為無形、無生、無滅，與肉體對立，以上這段內容摘要自維基百科。

不管是西方來的天主教或基督教，都有靈魂不朽、上帝存在、意志自由構成宗教神學的基礎，而伊斯蘭教也大抵如此。東方的佛教承認因果報應、生死輪迴等，或是佛洛伊德創建心理程序的模型，首次提出一種動態的潛意識理論，對於我們無法看得見與匪夷所思的問題，我們還是相信它是存在的。這個世界的確有股無形的力量在影響有形的世界。無形的愛、無形的病毒、浩瀚的宇宙、神秘的外太空，那麼這些與心靈伴侶有什麼關係？

有一種不用說的熟悉感、有一種似曾相識的感覺、有一種曾經在夢中看過的畫面、有一種莫名奇妙的喜歡與討厭……請問你對某人有過這種感覺嗎？

我們的結果是受思想、情緒、行為所影響，我們的世界分為有形與無形的組合。有心理、心靈、物質層面，而每個層面有它的能量與頻率，就好像電視機、收音機、雷達、衛星，當你調對頻率時，與你相呼應的人事物頻率就會來到。不管是怎麼稱呼它，是吸引力或是緣分，它來的時候，剎那間你大約是知道的！那麼如何從剎那間的直覺或靈感以外得到一些線索呢？

Change Your Life

對方喜歡你的缺點

不管你怎麼素顏、自在又自然的打扮，或是結結巴巴的語言，他都愛的話，八成不遠了。舉例鼎琪老師的故事，我在高二，也就是十七歲的那一年，花樣正年華，但因為就學壓力，一夕之間臉上長滿了大膿包，又遇到沒有緣分的醫師開錯藥、用錯方式擠痘痘，花容失色，滿臉坑疤。這對每位女孩來說都是極度的挫折，這無形當中也造就我說不出來的沒自信，曾經害羞內向到自閉。

結果……我的另一伴竟然不以為意，因為他小時候自己也是，身邊重要的女性親戚朋友、同輩、長輩都是這種月球表面，所以我自以為放大的缺點，對方卻是不以為然，還認為這樣可愛又自然。為了這張臉，我還花了不少錢呢！但當你遇到真正的靈魂伴侶時，很多無法言語的可能，外在有形的具體，都被無形無解的真實所超越了。

對方無形中讓你更好

我記得過去的自己是外在犀利、不苟言笑的專業形象，常常有長輩提醒我，這樣的長相又不常笑的話，容易讓人不敢接近，無形中會給人壓力，男生又怎麼會想要靠近呢！聽起來很傷人，但這不就是無意中的保護色與城牆嗎？

但當我遇到可能的另一伴時，自動地像變色龍或電影中的變形金剛一樣，一百八十度轉變為小女孩、小可愛、小甜甜，那武則天、慈禧太后、小辣椒的形象慢慢退身。我發現，對方竟然可以無形中，不用讓你花學費去變成不一樣的你、不同層面的你，成為期待中更好的一面。這就是我想說的，當那種突然讓你變好的心境、行為或態度來臨時，就是心靈伴侶來了！

對方在你弱時都不離開

當你無助的時候、沒錢的時候、沒工作的時候、不開心的時候、不講話的時候……等等，他都能默默地在旁邊等你，即便不發一語。就是沒有原因、沒有目的，靜靜地陪著你；可以堅持與你在困境中，給你支持與溫暖的人，那個人或許就是你的心靈伴侶。

大多數的人喜歡錦上添花，少部分的人可以雪中送炭，而極度少部分為你燒好炭、再掃好炭灰的人，好好觀察一下，你的 Mr. Soul Right 或是 Miss Soul Right 有沒有就在你身邊呢！

對方可以與你共同成長

兩個人學習比一個人學習快，人是競爭的產物，彼此激勵、成長是必要的。隨著年代與趨勢的轉變，停留在原地的另一伴終將被淘汰，真正與你相契合的心靈伴侶，可以陪著你學新東西、分享新事物、探索新世界的到來。不管是細菌或物種，隨著世代的交替都在進化，我們怎能不進化？你的心靈伴侶一定有種不用說的默契，喜歡跟你一起前進、向上。

對方是熱情向善、有愛的

當你看見一位對生命是熱情、願意付出、認認真真在過日子；又日益精進，可以影響你、帶動你、拉你一把，無條件地幫你、愛你、無所求的善良老百姓，我覺得你可以把他放在重要的位置上。

愛一個人的時候是沒有恐懼的，愛可以讓膽小變勇敢、讓生氣變幽默、讓遲鈍變耐性、讓固執變彈性，當你發現身邊的那一位有這些跡象或是自己有這些變化時，可能的心靈伴侶已經出現了喔！

Change Your Life

02

如何透過靈魂翻譯器幫你找心靈伴侶？

古人說：「你的另一半不是來報恩的，就是來討債的！」台灣話常說：「夫妻就是相欠債！」看誰欠誰多。因此即有一說：「緣分有分良緣、孽緣與惡緣！」無緣不相識、無分不結識，前世今生各占一半，而今世修為也占一半。如果可以知道這世的相遇可以相報、相還，知其淵源、問題而破解，豈不很好呢！若是已婚者，瞭解夫妻命運的共同體是否乘載祖宗上上下下的使命而觀之、處之、諒之而解之，此種伴侶豈不是你夢寐以求的有智慧、健康、財富的幸福婚姻！

那我們要怎麼知道，良緣的另一伴在哪裡阿？這時候大家可能會這麼做——算命！算命的方式非常多元，簡單來說可以分為中式算命與西洋算命，中國傳統算命方式有：手相、面相、摸骨、風水、紫微斗數、七政占星、子平八字、鐵板神數、測字、求籤詩、易經卜卦、姓名學、奇門遁甲……等等，西方的算命方式則有：星座占星、塔羅牌、生命靈數、手相、水晶球……等等，不同的問題可以利用不同的算命工具加以占算！

為什麼鼎琪老師要提到這點呢？二〇二〇這一年全球疫情肆虐，本想離開台灣帶著孩子出國就學的我，意外地留在台灣。在偶然的機會下，遇見一位非常特別的人物。他看得到前世今生、他會發預言，他可以透過實驗，讓你感覺磁場、氣場與能量的不同。雖無法去探究我們從何而來或死又何去，但我觀察這位奇人協助有緣人發現問題、解決問題，在鎖定未來、安排現在策略的這一年中，我所明訪、暗訪的人加上發生在自己身上的預言，這位大師的預言與指導幾乎百分之八十五以上是成真有效的！我意識到科學以外的玄學、哲學、奇學也是值得去尊重與探索的！這個世界上真的有特別靈感或與你不同體質的人，或甚至可以說，他們是外星人的靈，裝在地球人的身軀中吧！不知道這種能力從何而來，但宇宙之浩瀚，或許找到靈魂的另一伴，也是要非邏輯的腦幫你試一試。

在我探索量子糾纏、宇宙學、能量學、佛法、各宗教、花波（花精）、自然意識等，這些過去求學中沒有遇到的學分，這幾年可花了不少銀子，但也認識不少這些領域的奇才與專家。我問了這些老師們，另一伴的出現也可以在前世今生或未來的世界當中，找到一絲絲軌跡嗎？

答案是——有的！有位靈通大師說：「愛情是先天靈魂在剎那間的決定，感情是透過後天肉體的培養。」宇宙有乾坤、陰陽、有道有德；人生有明有暗、三分無形七分有形（俗話說三分天注定、七分靠努力），至於這先天無形的部分，有興趣探索的讀者，或許我可以幫大家介紹一下這些靈魂的翻譯官在哪裡。這些對於心靈與靈魂有研究的老師，每位身懷絕技，大多像個修行者，吃著方便素，每天靈修、持戒守恆、做著早課晚課，沒有宗教的束縛，講的是大小宇宙、天地人之間的關係，當你的邏輯所不能解決的人事物，或許可以來試試靈魂翻譯官給你的建議。

以上主題提供大家去思考，做出一些練習與改變，我想信有所思必有所為，有所為必有其果，有其果必有因。鼓勵大家以腦身心靈合一之幸福境界來祈以真真正正達到有情人終成眷屬，享受這趟尋覓與探索的旅程，告訴自己不管結果如何，都要開心有所收穫。

Lesson 4

愛情童話

王宣雯

01

童話般的愛情故事

你知道嗎？你是撐起自己的唯一，
如果你無法將自己撐起，
那麼，世上沒有任何人撐得起你。
再偉大的愛情、再條件優秀的對象、再優渥的環境，
也不可能強於你自己的內心世界。
只有你自己的內心富饒富足，只有你自己的內心強大無懼，
你，才真正成為一切的主宰！

麵包還是愛情？

您找到妳的白馬王子或你的白雪公主了嗎？每當我跟算命師的朋友聊天時，

他總提到現代人問的問題不外乎都周旋在兩件事上，一是問事業是否順利賺得到很多錢，二是想求個好姻緣，問看看哪時候心目中的另一伴才會出現，並期許自己在後半輩子裡也能擁有自己的家……最好的結果就是事業愛情兩頭雙贏，當個人生勝利組，可謂再好不過了。愛情真正需要的是安全感，一輩子很長，我們要走的路更慢長。仔細想想，如果今生的另一伴無法給你更幸福的日子，我們又何必踏入婚姻呢？

我們都試圖尋找理想中的好老公、好老婆，但卻忘記步入婚姻之後，真正的問題才會慢慢浮現。例如外在因素的人事物，或彼此的內在身心靈問題，許多人更會面臨婆媳之間的問題，以及懷孕帶小孩等教育難題。但不怕麻煩的男人或女人能夠成為堅強獨立的堡壘，兩人一起經營家庭，站出來承擔責任，這是一個好伴侶的必備條件之一。

婚姻是一種承諾，也是一種責任，而愛情只是承諾的一部分。可別以為結婚後你的另一伴就可以被重新塑造，雖然找到好伴侶是人一生中最美滿完整的結局之一，但在還沒有找到前也沒關係，只要清楚知道自己想要找的伴侶特質就可以了，因此方法特別重要！佛說前世一千次的回眸，才換來今生一次的擦肩而過；前世的一千次相識，才換來今生一次的相知。從對方看你的第一眼起，就已經注定了緣分起點，如果對方是你最佳的啦啦隊、安全的避風港，那就別猶豫了，是他（她）準沒錯。兩個人在一起太快不叫愛情，那叫新鮮感；如果彼此遇到問題就迴避，不能接受你的全部，那就會拖累你的生活，讓你的人生苦不堪言。真正的愛情是在放下錯誤後，依然承認錯誤，繼續吵吵鬧鬧，才是一生堅定不移的選擇。以下我將說一個小故事來跟讀者們分享，一般人在愛情與麵包中，是如何創建出童話般的愛情故事，讓公主和王子從此過著幸福快樂的日子。

故事的起點

小羅是一個音樂創作者，有天在朋友的臉書裡，發現了跟他一樣從事音樂性質工作的小花，由於小花的外表出眾，以及她對工作的熱狂和負責任態度，這對小羅來說是最能吸引到他的女孩了。因為彼此臭味相投，所以兩人也在臉書上聊上了一段時間。很快的一年多過去了，小花有了想要自己開公司的念頭，於是在臉書上透露了一些有關未來創業的訊息，此時的小羅看到訊息後，也相當有興趣想瞭解，可說是什麼樣的人就會結識什麼樣的人呀！當你真正遇到臭味相投的人時，你不用多說什麼，因為在你還未開口時，對方就已經知道你要說什麼了。在第一次相約星巴克見面聊天後，兩人就結下了這個緣分，也就是說，其實冥冥之中，或許上天早就已經做好了安排。兩人的見面就好像是上輩子就約定好一樣，在見到面的那一瞬間，小花與小羅就互相喜歡上了對方，小羅也立刻決定跟小花一起共創事業，一同開公司。

幸福事業起跑

一開始的小羅並不知道自己已經深深地喜歡上小花，而從公司的創立取名到登記資本額，還有數次的開會下來，小羅開始更加瞭解小花。就在有一次小羅幫他的女性友人過生日、請吃飯還發推文後，小花似乎吃了點醋，在工作上常與小羅無理取鬧，就在二〇一七年的平安夜，小花整個大爆發了。因為兩人是企業公司的共同創辦人，所以在客戶端的聚會都會一同前往，並一起結交人脈。於是就在當天晚上，小花將自己喜歡對方的心意告訴了小羅，當然小羅也很喜歡小花，兩人最終走到了一塊兒。這一切又回到了最初的起點，因為臭味相投而成為朋友，一起開公司創業，兩人互動頻繁，會走在一起也是大家都能預想到的事情。不管男孩女孩，都希望自己的事業能夠順利，如果又在愛情上，彼此互相得到幫助，更是最好不過的事了。那兩個人的故事就開始幸福快樂、一帆風順、事業飛黃騰達了嗎？又或者只是另一個考驗的開始呢？

彼此初心不在

在社會上看到很多情侶檔一起創業，起初小倆口因為什麼都沒有，所以特別想一起打拼屬於二人的未來。慢慢地會發現，個人生活的動力不是為了自己，而是為了另一個人付出努力，每天喚醒你的不是鬧鐘，也不是夢想，而是為了愛。愛情的能量，非常強勁，可以讓你的事業蒸蒸日上，但當事業達到巔峰後，往往就是毀滅性的入口，有時事業扶搖直上反而成為愛情的墳墓！有許多網路創業的情侶，最後賺了錢卻分道揚鑣，小羅與小花也不例外。小花變成公司主要掌管者後，公私帳不分明，將公司的帳款私自拿去做自己私人的家庭開銷，這動作本身就不好，但她還是瞞著小羅這樣做。小羅發現帳上資金怎麼跟實際公司手上資金落差很大，開始查帳後，發現居然是心愛的小花動手腳！小花也毫不知恥地坦承是她個人的行為，認為小羅應該包容她，畢竟是二人的公司！

但小羅卻認定，公私不分是經營者最大的禁忌，而且還隱瞞共同創辦人，二人又是最親近的人，居然也隱瞞不說，更是踩到小羅的最大死穴！而在這段時間內，小花竟然還不斷超額貸款，將公司的資本額幾近燒光，財務上更加吃緊，與二人同心打拼公司的初衷完全變調。小羅看著小花因為公司快速賺錢，而又行為偏差，開始胡亂購物，無心經營公司，讓公司虧損連連。最後，小羅忍痛解散了公司，走到終點的不只是公司負債，更多的是二人變質的感情。小羅非常失望，再怎麼努力也追不回當時的初衷跟愛。

小羅與小花的故事告訴了我們，所有的愛情其實都還是需要麵包，愛情必須建構在一個各自穩定的經濟之上，而不是只單靠另一伴的負荷。當彼此能力充足時，自我條件夠好，自然能招到好桃花、好姻緣，而且不會給對方額外的壓力，也不會有斤斤計較的衝突產生。但當自己的各方面能力都不強時，再差的人都不見得看上你、注意到你，畢竟人以群分，物以類聚。你想選經濟能力好的，人家也想選門當戶對的對象！

愛情在開始時還是建構在於你現在是誰。像小花一開始被一見鍾情，除了打理好自己的美貌，也有上進努力創業的老闆心態。另一伴其實並非特別在乎你曾經是誰？對方看的是你的未來性，是不是潛力股？大部分的人都是將現在、未來目標視為擇偶條件，而不是只聽你過往的英雄事蹟、豐功偉業！過往也許有加分，卻也不是當下最主要的選擇理由。我們每一個人都希望找到對的另一伴，那你是否也是那位所謂對的人呢？俗話說：「對的時間裡遇到對的人，是一生中的幸福；而對的時間裡遇到了錯的人，將是心痛不已；而錯的時間卻遇到了對的人，那就會是遺憾，這遺憾，將讓人永遠懊悔及無奈。」

時間固然重要，但在哪個時間將自己打理好、準備好完美的面貌來見人更是重要。嚮往的愛情，有麵包有三高（高富帥，白富美），這些都逃離不了麵包的重要性，還有自身的顏值、經濟力。這就是哺乳類的天性，尋找基因好的來交配。因此，接下來我將分門別類地整理出，能幫助你找到好伴侶的有效方法。

需要門當戶對，關係更長久

我們總聽長輩說要門當戶對，「龍交龍，鳳交鳳，老鼠生的兒子會打洞」，但現代年輕男女自由戀愛，哪管什麼門當戶對呢？然而往往走到最後，真的是貧賤夫妻百事哀，奶粉、尿布、信用卡……。其實，老一輩的觀念是正確的，畢竟是長久下來的統計學，還是值得大家參考。這是世界上不變的規律法則，門當戶對，指的是兩方需要有相同的氣息。想想看一個做金融工作的人員，遇到跟他一樣從事金融工作的人，是不是比較有話題聊呢？這就是為何很多醫生娶的是護士，醫生嫁的是醫生，因為容易被理解、體諒，而且生活習慣相近。

如果是一個小工廠作業員的職員，跟一間上市公司的總經理談戀愛呢？大家覺得搭得上嗎？最後往往承受很大的壓力，像是黛安娜王妃嫁入王室後被排擠的痛苦，一般人也會被冷嘲熱諷「飛上枝頭當鳳凰」，或是小狼狗之類的譏諷言語。在這麼多的閒言閒語下，談得了多久的戀愛呢？門當戶對，指的是雙方的職業、地位甚至財富是否接近，如果有嚴重的落差，那麼不是外界不看好，就是內部可能出問題。一個銀行戶頭有一千萬的百貨公司櫃姊，就算願意愛上沒有經濟能力的研究碩士生，短期內不會爆發口角，但長期下來其中一方難道不會心裡不平衡嗎？天秤只有一方的付出，最後總會傾倒，經濟的落差，長久的供給，也會壓垮對方本來心目中崇拜的白馬王子、白雪公主。

三觀不合，千萬不要湊合

再來談談愛情中的三觀——「世界觀、人生觀、價值觀」。這三觀相當重要，否則當熱戀結束後，就是考驗的開始。三觀不合別說談未來，可能就連聊天都可能聊到吵起架來。男方想往東方傳統發展，而女方嚮往西方浪漫文化；你重視國內市場，而另一伴要的是歐美市場；你想吃台菜料理，對方喜歡吃西式餐廳，於是每次的摩擦都不歡而散。這不是誰對誰錯，又或是誰該退一步讓誰的問題，這之間的矛盾是從最根本的內心想法不同而產生。假使男人愛玩、天天跑夜店，男生心裡覺得沒什麼，但女人會想男人常去夜店做什麼？泡妞？尋找一夜情？還是真的單純談生意？價值觀不同，可以藉由溝通來尋找出路，但磨合真的很累、很辛苦，要花上非常大的決心跟毅力！比方說，女的想生小孩，男人不要小孩；又或者男人只愛玩，喜歡平凡簡單過日子，而女人卻要男人有企圖心，要有事業版圖。從根本上而言，三觀不合，千萬不要湊合！

沒有方向就不會有幸福感

一個能夠讓你全力想要達成的目標，也是愛情中的潤滑劑，能夠減低許多不愉快跟爭吵！尤其熱戀期結束後的情侶們，更會產生老夫老妻般的感覺，開始習慣一成不變的生活。慢慢地吃飯時不再像以前有聊不完的話題了？一起看電視時也不會擁抱親吻，甚至也不說話了？或許我們更應該尋找彼此的共同話題，一起培養共同興趣愛好，瞭解對方想要的事業、版圖、夢想，或生活上的小樂趣，創造儀式感。在自己喜歡的事物樂趣之外，也要試著多瞭解對方在意的點，並去做些努力，彼此尊重對方所喜愛的東西。多點鼓勵，少點抱怨，天天讚美另一伴是最好最棒的，欣賞對方的努力，並常常提醒二人是往同一方向共同而努力，給予對方愛的安全感，帶領彼此走對的道路！相信我，就算再枯燥乏味的愛情，都能被你的用心煥然一新。永遠要學會的不是堅持只做自我，而是注意到感恩，謝謝、祝福、支持對方。謝謝另一伴為你做的任何事情，沒有人應該替你付出，生來應該為你所使喚，並永遠記得要珍惜他，因為願意與你一起走同一個方向，最後到達幸福羅馬的人，必須要好好疼惜。感恩和愛的利息會讓你發現，這將是一份無法用金錢衡量價值的終身型愛情保單，更是保障彼此獲得完美幸福的歸宿。

愛情要的不是神話，而是令人羨慕的佳話

人人都羨慕別人有著神話般美麗的愛情故事，總希望交往的對象是夢中情人、男神女神類型的，但愛情跟麵包，兩個選擇裡，愛情真的能夠戰勝麵包嗎？許多學生都會說——愛情重要，因為他們的經濟來源自父母，自己還沒受苦、體會賺錢的不容易。出了社會後，當所有的壓力重擔往自身而來時，這時考慮的因素就會更為務實點。我們所謂的富家子弟聯姻，是因為兩方的經濟水準相當，也就是我上述所提到的門當戶對。想想如果當女方的娘家面臨經濟危機時，那男方家還會平等地對待她嗎？依然給予尊重嗎？還是出錢的比較大聲？多數人都會知道，這樣的未來通常會是個不平等的待遇，因為這段神話是建構在兩方家庭背景相對應的情況下，若一方失衡，很容易就會讓愛情或麵包的問題浮上爭吵的檯面。

所有的愛情故事都需要由麵包來做支撐才行，兩個再相愛的夫妻最終也將面臨生活中的柴、米、油、鹽、醬、醋、茶，這些是大家每天所需要的必需品。

有句話叫貧賤夫妻百事哀，再怎麼甜蜜的夫妻，最終也需要面對現實，對於沒錢的事，兩人就會起口角。我也遇過為了賺錢，老婆必須放棄坐月子無薪假的機會，拖著身體去上班，只為了繳房貸，因此下班後火氣比較大，都會跟老公吵架。所以先顧好經濟基礎，有了麵包，自然愛情就能夠是人人羨慕的佳話。神話固然是夢想，但現實的佳話就是，讓自己成為那個龍鳳，擁有麵包掌控權，便是我們最容易達陣的目標唷！

02

你輸我陪你東山再起

你是人世間最美的一道風景！
請著上最美的服飾，
請戴上最美的髮飾，
請抹上最美的胭脂，
在人生的舞台上展現你頑強的魅力。

君臨天下，是因為有一個不離不棄的糟糠之妻。

阿昌是一個年紀二十出頭、做直銷的年輕人，少年時春風得意，做到非常高階鑽石級的經營者，月收入非常可觀，選女人的標配就是傾國傾城的大美女，心氣很高，對女生的挑選，從來都是單一的外貌協會。儘管如此，仍有非常多的女生會跟隨著他，而且也會倒貼告白，讓阿昌年輕氣盛、意氣風發，不在乎挑選另一伴需要付出什麼心力，女孩只要自己多金年輕，自然是告白的人一大票。阿昌可以說是很多男人夢想中的勝利組男神！阿昌也真的不負他年少得志的能力和財氣，風流倜儻，因為長得帥口才又好，事業得意，因此總有絡繹不絕的女生來找他，說到要挑另一伴，當然首先要是大美女阿！

在阿昌早年得志的生活中，他可是叱吒風雲的男子，氣蓋山河，沉浸在這種成功的生涯裡面，後來他也真的娶了一位非常漂亮的夫人，讓所有的男人都很羨慕。但是好景不常，結婚不久後，他在直銷事業中遇到了瓶頸，讓他非常挫敗，倒了非常多下線，苦心經營的團隊瞬間瓦解。

在團隊解散以後，他再也沒強大的財力支撐他夫人的花費，他的老婆開始每天對著他柴米油鹽醬醋茶，奶粉尿布信用卡，挑剔他甚至看不起他。阿昌為了能找到更好的工作，在一面找工作之餘，一面開計程車，甚至擺路邊攤賣香腸，吃了很多苦，做盡了三百六十五行、非常多工作。儘管他很努力維持生計，但老婆一樣看不起，她在他風光得意的時候嫁給他，在他失意難過的時候決定離開他。

阿昌非常失望，他老婆甚至還找了算命師父，認為算命師先生也說，阿昌他這一輩子都沒有出路了，再也不會有任何的機會，而且一輩子都會窮困潦倒、事業無成、落魄收尾。他的老婆請算命仙算了這個秘密後，更下定決心要離開他，而且也把孩子給帶走了。阿昌因此變得很憂鬱，甚至有點自暴自棄，想要離開這個世界，不帶一絲希望。畢竟，他的前半人生如此幸運、一帆風順，接連遭遇事業家庭的失敗，他又能如何？

在他最低潮難過的時候，他開始把自己困在家裡，不願與人接觸。有一次，他在臉書看到一個社團，在一個單親爸媽群組裡面認識了一位女生維尼，維尼同樣也是單親媽媽，但是維尼的樂觀、正義感跟同理心，卻給了阿昌非常大的鼓勵跟希望。阿昌記得有次自己在群組裡被眾人誤會、被言語霸凌時，只有這個女孩不惜得罪眾人替他出頭。這個女孩雖然並不像阿昌之前遇到的眾多女孩一樣漂亮出眾，也不像阿昌要求的白富美、單身、好背景，一般人可能還會棄嫌她曾有段婚姻，還帶著別人家的小孩，是阿昌以前絕不會考慮的對象。但是維尼的正義感以及源源不斷的關懷，讓阿昌意外發現她擁有一顆心地善良的心，她不但常常關心阿昌，也照顧他的生活大小事，慢慢地從陌生人變成無話不談的好友。但因為阿昌帥氣的臉龐，依然有許多女粉絲靠近，讓他依然擁有許多選擇，而沒考慮到維尼。

直到因緣際會下，阿昌認識了一位他人生中的貴人阮老師，因為這一位老師，他開始接觸房地產的生意。一開始的時候，阿昌還是負債好幾百萬，根本沒有足夠的能力去做投資，維尼毫不猶豫地借他錢，身家積蓄毫不懷疑地壓在阿昌這個人身上。問起維尼不怕阿昌捲款跑路？不怕失敗一無所有？當然怕。但是，為了她所愛的對象，維尼不顧一切地付出，哪怕是要遍體鱗傷。她不顧一切地為他出這個頭期款，而且毫不質疑他，給他無與倫比堅定的眼神跟鼓勵的話語，以及殷殷熱衷地打理他的一切小事。

在阿昌最慘的時候、一無所有的時候、什麼都不是的時候，維尼不離不棄，不但拿自己畢生攢下的錢幫助他創業，更不計一切幫他打理家務，以及生活中、工作中的大小事。維尼是個交遊廣闊、豪氣仗義的人，不但幫他找來了非常多的客人，也幫阿昌介紹了很多生意，幫他穩固了許多人脈。阿昌常常覺得，自己怎麼可能那麼幸運呢？自己現在不但負債，而且在沒有一份非常好的工作、穩定的工作時，當所有人棄他而去時，維尼是唯一相信他、呵護他的那個好老婆！

維尼不但願意相信他，而且始終在他旁邊照顧著。皇天不負苦心人，憑著滴水穿石的力量，慢慢累積，二人攜手打拼、齊力斷金，阿昌慢慢地擁有了第一棟房。在維尼不斷地鼓勵之下，阿昌站穩腳步，慢慢地學會了如何做房地產的銷售、配置，並幫助許多人成功，打造自己的房產團隊。阿昌終於從憂鬱症走出來，重新變得意氣風發，都是因為他找到了維尼。這看似上天注定好的緣分，其實也是阿昌花了很大的心力跟時間瞭解維尼，在比較過很多女生以後，經歷了幾段感情的選擇。

阿昌從一個玩世不恭的少爺，到明白一個女生要成為好老婆的最重要條件是——不看一個男人風光得意之時，而是在你窮困潦倒的時候，未曾轉身離去，那個依然看好你、鼓勵你、在你背後，即使你耍了性子、失去耐性、忘記希望，那個一轉頭還在的那股力量，就是對的另一伴！過去的阿昌一直以為要找到好的另外一伴，身材要好、臉蛋要長得漂亮、要是他喜歡的菜，等到走過人生一大半以後才發現，其實好的另外一伴，不過是你可以任性地耍著你的小脾氣、任性地擺出你不開心的表情、恣意地表現出你的脆弱，而當你一轉身的時候，他／她始終都在。那個包容著你、愛著你所有的一切，喜歡你的小脾氣、喜歡你的小任性、喜歡你的無理取鬧的小可愛。

維尼就是一個這樣的女孩子，既像是朋友，又是老婆，更多的時候也像個母親、老師，願意給予支持教導鼓勵。而且在她的心中，阿昌永遠看起來都像是一位超級明星，因為維尼不管何時何地何時空，就是一個不離不棄的阿昌小粉絲，總在第一時間為他加油打氣，成為他的頭號粉絲，維尼的用心讓阿昌打從心裡感動。

雖然第一時間維尼並不是他想要的理想對象，有著夢中情人般的花容月貌，但卻有著生死與共、貧富不移的無悔情意。瞭解一個女孩子的個性、心思跟脾氣以後，你會發現真正的好女人重要的不僅是耐心、包容心，更多的時候是她看好你的堅定！望著明星偶像的那種眼神，跟堅定不拔的深信，維尼的信念不只讓阿昌現在走向了擁有十間房的包租公之路，在夫妻一起努力齊力打拼事業之下，他們現在不只是坐擁豪宅，也完成了過去從沒想過的許多夢想。阿昌在短短的時間內，就藉著房地產成為了億萬富翁，而最重要的原因就是因為他找到了好的另外一伴，成就他的房產帝國，再次創造生命事業的高峰！

阿昌說因為他終於找到真命天女，他明白了女孩子要的不只是面貌姣好和良好的外在條件，更重要的是——你看得到我對你的真心！維尼的那顆心日月可鑑，維尼的那顆愛慕的心，可以溫暖阿昌的一切！阿昌說：「她不只是我的幸運星，更是我心中永遠的、唯一的女帝！上天給我的不只是緣分，最重要的是，我選到了會支持我、不顧一切、義無反顧的女生！」

問起阿昌為什麼會娶她，阿昌說：「許多女人們都會陪著你君臨天下、富貴與共、意氣風發，坐看風起雲湧之時；但當你在失意、落魄，窮在鬧市無人問的時候，真正能夠用一顆心來支持你，永遠轉身過去都有熱切的、好像在看著大明星那種粉絲的、閃亮的眼光、眼眸，讓我知道我可以堅強地往前、不懼一切、不怕任何的困難，才是最重要的。」

問起維尼為什麼選到阿昌？她說，「我知道他一定會成功。他擁有很好的人格特質，他細心、不怕吃苦、工作狂，這些都讓我覺得非常有吸引力。我覺得他是一個有責任感的男孩子，跟著他，我就知道；無論未來好壞，我都願意跟著他，風雨與共，堅定一心！他就是他，而我永遠都在他身旁！他也總在我身旁！」

他們在短短幾年打造了房地產的奇蹟故事，羨煞許多旁人。但是在這愛情故事的背後，更多的是讓我們知道，男人女人們不能只看外表，不能只看財力，而是要擁有一顆正直善良、負責任的心。真誠的心，才是我們能夠遇到對的另一伴最重要的地方。

你贏，我陪你君臨天下；你輸，我陪你東山再起。

03 做個有高級感的女人

人生雖然不是十全十美，但請你好好愛自己，
從容優雅地對待生活的點點滴滴！
你不能選擇面貌，但你可以展現笑貌。
你不能改變天氣，但你可以改變脾氣。
你不能掌握命運，但你可以創造好運。
你不能控制別人，但你可以做自己的貴人。
你不能改變別人對你的看法，卻可以用智慧找到方法，
用快樂知足的辦法，來改變別人對你錯誤的看法。

奧黛麗・赫本是一個非常知名的電影演員，在二十世紀是許多人心目中的

女神。她到底是一個什麼樣的女人，讓她可以有極大的選擇權，更換一任接一任的男人，任她挑選高富帥、優質的另一伴呢？

說到奧黛麗．赫本，大家可能都會想起她是個知名電影影后，理所當然可以選到條件好的另一伴，好像一帆風順，本來就是是個人生勝利組，是嗎？讓我來告訴你，事實上，完全不是如此！

奧黛麗．赫本在她年紀輕輕時，親眼目睹了二次世界大戰的爆發，一夕之間，讓她變得非常貧苦，目睹戰爭的無情、家人的分離！在抗戰中，時常三餐不濟，有一餐沒一餐，她卻依然幫助流離失所的戰俘們，甚至不顧安危，小小的女孩就幫士兵傳遞軍訊。

她的身材瘦弱，對比當時的審美——喜歡身材豐腴的女人，她，完全不符合那樣的條件！加上她長得特別高又瘦，看起來更像極了難民，很難稱得上是美女，因此一開始因為家計想進電影圈拍戲時，劇組還嫌棄她的外貌，而不願意給她好的角色。

但，她卻讓世人的喜歡從豐腴曲線變成了平直纖細，成為改變世間審美標準的女人——奧黛麗．赫本，到底怎麼做到的！讓我來告訴你她的故事。

殘酷的第二次世界大戰好不容易終於結束了，人民急於想要脫離飢餓、強迫配給和黑市交易。當時，法國服裝設計師克里斯汀．迪奧（Christian Dior）發現，因為長期戰爭導致女生們都穿得特別中性化，於是他決定改變流行風尚，在一九四七年轉而推出特別強調女人味的「新風貌」（New Look）系列。在這時的審美觀裡，「曲線和腰身」成為時尚的代表，但這標準卻恰恰也是奧黛麗．赫本最不符合的審美觀，她又瘦又高，被認為是乾癟的身材，被排除在外！

從小就立志要成為芭蕾舞者的奧黛麗．赫本，在戰後進入芭蕾舞蹈學校後，成為整個班級長得最高挑的舞者，卻因為身材，男舞者很難將她抱起來。教她的老師用一句話打垮了她的希望：「儘管妳有很好的舞蹈技巧，也許未來可以做個教學老師，但因為妳的身材太高，妳絕對不會成為首席芭蕾舞者。」

被無情摧殘的她，依然不放棄希望，相信自己可以，轉而走向演戲之路。她不斷地試鏡，追求自己的角色，不畏困難，千辛萬苦拿下一個角色。一九五三那年，奧黛麗．赫本拜訪知名服裝設計師紀梵希，並請他幫忙設計戲服。然而當紀梵希一見到眼前這個看起來骨瘦如材的女人時，馬上拒絕了她的請求，並不想浪費設計在她身上，無論她的眼神多懇切、多想請他為自己的新戲《龍鳳配》（Sabrina）設計戲服，紀梵希依舊不願意。堅持不放棄的奧黛麗・赫本還是堅持拜託，最後請求紀梵希讓她從現有的成衣中挑出一些適合她的衣服。紀梵希拗不過她，只好讓她從上一季展示過的衣服中尋找。因為她堅持到底的精神，克服一切障礙，當她第一次試穿了一件灰色羊毛套裝時，合身的腰身剪裁、雙排扣圓領上衣，加上合身及膝長度的裙子，立刻讓紀梵希非常詫異，居然比他自己旗下的模特兒還要漂亮！

當奧黛麗・赫本再次穿上紀梵希的第二套禮服，她，征服了全世界的觀眾。這套禮服成為影史上最成功的灰姑娘故事典範，在《龍鳳配》（Sabrina）裡，當奧黛麗・赫本穿著大師紀梵希設計的連身白色長裙現身時，立刻捲起了一陣「赫本炫風」。赫本沒有按照當時大眾的喜好加上胸墊或豐臀，反而頑抗似地呈現自己的瘦弱身材，她展現自己堅持的搭配，竟變得出人意表的優雅又有自信！加上昔日她堅持的芭蕾舞經歷，優雅獨特的氣質，更賦予了奧黛麗・赫本一種獨特典雅的走路姿勢，越來越多女性開始學她走路、說話的樣子，每個人都希望自己看起來像奧黛麗・赫本。她讓這股模仿熱潮長達十年之久，堅毅的內心加上永不放棄希望的熱情，讓赫本過得像個坐落精美櫥窗、不甘於俗世的優雅精緻高檔品。女人因為讓自己成為了高級品，世人瘋狂趨之若鶩，女人爭相模仿，男人競相追求，她能吸引來這麼多人，就是因為她讓自己成為一個活出高級質感的女人！

而在之後的電影，她用細心體會生活，認真呈現作品，成功征服了導演們，更拿下了影后。有位導演對奧黛麗・赫本說過一句知名的話：「這個女孩，只靠自己一個人，就讓酥胸成為流行的過去式。」她知道活出自己，驕傲地讓自己成為高級品的女人。奧黛麗・赫本成功了，她讓自己看起來就像是最高級的奢侈品，人人皆想得之！

最後她抱走奧斯卡獎時，更不忘吃果子拜樹頭，擁有感恩之心，想起她的事業起步之初，有紀梵希的幫助，簽約所有活動皆要使用紀梵希設計的衣服，而她的人格特質更為她自己征服了許多觀眾粉絲的心！紀梵希也從年輕到白頭，一路陪伴她成為最好的知己。

事實上，奧黛麗・赫本本就知道自己太高、太瘦、胸部也太平，但她學會客觀看待自己，正視自己不完美的身材，而且盡可能把缺點變成優點。利用紀梵希的設計，奧黛麗・赫本創造出代表「赫本風格」的俐落線條，簡單顏色的搭配，改變了之後整個社會的審美觀。自己就是第一品牌，學會與自己和平共處，成為她個人獨特的標誌！也是女人學習擁有自己獨一無二、與眾不同特點的模範！

美國時尚設計師王薇薇（Vera Wang）說過，奧黛麗・赫本的穿著迥異於當時好萊塢流行，她是為她自己而穿！她那種獨樹一格的勇氣，為她自己創造出與眾不同的氣息，也迷倒了許多條件優質的另一伴，甘心拜倒在她的石榴裙下！在奧黛麗・赫本的身上可以看到——在這個世界上，美的定義，從來都不是單一的；女人真正的美，就是成為「最原本的自己」。

一九八八年至一九九三年間，奧黛麗・赫本成為聯合國兒童基金會的親善大使，幫助拉丁美洲和非洲的孩子們，更親赴不少國家和地區，為貧苦無助的孩子們吶喊，執行救援和募捐，更舉辦多場慈善音樂會讓人們注意到這些無助孩童們的議題。

為了表彰她為全世界不幸兒童所做出的努力，一九九二年美國電影藝術和科學學院更授予她珍・赫蕭特人道精神獎（奧斯卡人道獎）。她將女人的美發揮到極致，將外貌延展到內心的相由心生，透過內心的純真與善良，讓她的生命過得更加如珍世的稀寶，閃耀絢麗的光芒，她的愛心與人格猶如她的電影一樣燦爛人間！

所謂女人長得漂亮，是妳與生俱來的優勢，但活得漂亮才是妳真正的本事！要找到好的另一伴前，一定要讓自己敢想，並成為天上那顆閃耀的星星，才能讓人間看到你散發的璀璨光芒！

有句話說：「如果你不抬頭看星星，你的夢想不會來到你的身邊。」奧黛麗・赫本，她敢夢敢想、勇於挑戰嘗試，不怕別人不給她機會，依然固我，在堅毅下走上一線電影女星之路。經歷戰爭後，原本家庭貧窮的女生，憑著對夢想的執著，培養出無可比擬的氣質，並引領時尚界的潮流，傾倒在她身旁的無數優質男人們，她可以任意選擇。

因此，身為一個女人，要找到條件好的另一伴要如何做呢？相信，是力量；相信，才會改變命運。一點一滴的累積，追求渴望的臨界點，永不放棄，是女人活出高級感的第一步。她為發願的願力，照顧聯合國的飢餓貧窮兒童們，讓她的精神雕像永留世人心中，累積造就別人望塵莫及的成就！而這種由心而生的大愛，就是女人活出高級感的第二步，散發出迷人的光芒！人生最重要的從來不是你現在所處的位置，而是你依然有持續向上的力量！奧黛麗・赫本，一個原本貧苦瘦弱、不被看好的女人做到了，讓赫本風引領二十世紀，讓她成為最具有高級感的代表女人！

奧黛麗・赫本，她不甘平淡無奇，用目標和決心創造了事業的巔峰、時尚的潮流、世人的崇拜。她尋求了自己精彩的人生，並創造了不平凡的未來！就因為她信自己可以非凡，就因為她把自己活得具有高級感，不同於俗！

女人們！妳們應當信心不減，堅持夢想，即使面臨人生的巨大轉折點，莫忘初心，依然堅持夢想。面對困境，點頭轉身、走出自己的路。一定不要忘記讓自己活的有「質感」，讓自己成為獨一無二、無可替代的第一品牌。當麻雀要幻化成美麗的鳳凰，必將經歷改變；改變過程也許很痛苦，但不改變更會痛苦一輩子，永遠只是個廉價品，人人取而代之。

如果妳不用力去改變，追尋夢想，像奧黛麗・赫本那樣還是無名演員就堅持穿大師紀梵希的服裝，用不放棄說服妳身後的世界，那妳，無法看到自己的潛力無限。如果妳不勇於追夢，用不屈服說服身邊不看好妳的人，那妳，無法成為第一的自我品牌。勇敢追求自己的夢想，

勇敢活出高級感！讓世人來為妳崇拜、讚嘆！

04

無我即有我

你就是你自己的王！
當你被眾星拱月的時候，也許會受到外界的指指點點，
但你不要在意，其實他們心裡正羨慕著你，
其實他們心裡也想和你一樣，
只有你能主宰你自己內心的力量，
你，才真正配得起一切的主宰！

這是我一個好友阿國的真實故事！下面是阿國的敘述：

我記得，那應該是在我第二個寶寶出生的那一年，我老婆給我買了一隻手錶。還記得天我回家，她非常開心地跟我說：「老公我給你買了一隻新手錶，你看了一定會喜歡的，真的超適合你的呢！我一看到就決定買給你了！」那時

正是我生日的前後，我心裡面想說，買了一隻手錶應該也還好，沒什麼特別的想法。

第一個孩子的出生代表我們的家庭正式成立，我們剛買房子，我們的車貸剛繳完，事業才剛正式起步，經濟上還有許多的負擔。好在大女兒她非常乖巧懂事，按部就班地健康成長，我和老婆心裡都非常開心，計劃第二個寶寶的到來，對未來充滿著期盼與憧憬。本來老婆她這個特別的生日驚喜，我該感到開心的，但是當她打開手錶的那一剎那，我不是開心反而是憤怒，她拿出一隻勞力士的Daytona手錶，價值大約是兩隻水鬼手錶（Sea-Dweller）的價格。

我問她：「老婆，這隻錶妳買了多少錢？」

她跟我說，總共花了新台幣六位數，用五字頭買下來這一隻生日手錶。

我說：「天阿！妳是瘋了嗎？我們家現在還在繳房貸，還有小朋友的支出，事業上正在起步還沒有什麼發展，妳神經病啦！花這麼多錢去買這樣的一個禮物！」我心裡面真的非常生氣，她不但亂花錢，也不體諒我們正創業維艱，在用錢存錢之際，竟花費了這麼可觀的費用！

這筆錢，如果用在事業上，如果用在人際上，如果用在工作，甚至自我成長學習上，相信一定可以帶來更多的效益。我覺得一隻手錶不過只是一種計時的工具，像香港首富李嘉誠先生在報章媒體時常提到的：「我都戴電子手錶，因為它跟世界級千萬鑽錶的時間是一樣的。」連億萬富翁都知道錢不能這樣亂花，而我的另一伴怎麼這麼胡亂浪費金錢呢？於是我立刻去查詢這隻錶的價錢，居然要新台幣五十一萬！

我表現出非常不開心的樣子，老婆她也隱約察覺到了。她問：「你是不是不開心？」

我的表情不耐煩並用質疑的口氣跟她說：「妳為什麼不把錢花在更有效益的事情上？例如說，我們現在還在繳房貸，這筆錢拿來繳房貸的話，我們不是手頭比較寬鬆嗎？妳有私房錢買這隻錶，怎麼不乾脆拿出來繳貸款？」

在我憤怒地轉身離去的時候，她忽然拉著我的衣服、眼睛水汪汪的、委屈地跟我說：「老公，我知道我們現在的事業家庭正在成長起飛，可是，你現在接觸到的扶輪社、同濟會等等許多社團，還有一些商業會都是屬於人脈交流的社團！他們都會看外表行頭，我自作主張覺得你應該要有隻像樣的手錶，讓他們看到你時也能認同你……」

我聽到這裡，忽然心裡面也沒有那麼憤怒了，我再次看到這一隻錶的時候，心裡是非常開心的。在社會階級中，總有些人用物質衣裝來判定一個人過去的努力以及成績！我在我老婆身上從來沒有發現到她擁有任何奢侈的物品，也未曾有過荒唐的花費，而她卻把辛辛苦苦攢下來的錢買了這隻昂貴的手錶送給我當生日禮物。

我在林志誠老師的 CEO 班裡認識了一位亨得利鐘錶眼鏡的趙總經理。有一次透過高爾夫球練習進行增進情誼的社交活動時閒聊到一篇新聞，新聞內容大概是這樣子——有一個單親媽媽，她因為經濟拮据，希望多做一些斜槓以及外快來改善生活，所以她做了一件事情。這位媽媽在手工菜方面非常有研究，她把自己的私房菜包裝成了一個可以販售以及零售的義賣活動，這個義賣活動的名稱就是「愛心媽媽私房菜」！我記得那一道菜的單價大概是八百元左右，我因為熱心把這一則消息轉貼，分享到非常多群組，希望能夠幫助到這一位辛苦的媽媽。其中這位趙學長（亨得利鐘錶的趙總經理）看到了這則訊息，打電話給我，問我愛心公益菜怎麼訂？我告訴學長：「一道菜八百塊、兩道菜一千六百塊，一起幫助弱勢媽媽。」

隨即他說：「那你幫我送五份過來。」我說：「那就是四千塊，待我整理彙整完之後，我幫你送過去。」送到亨得利鐘錶的那一天，我印象非常深刻，一坐下來，可能因為他是是鐘錶公司的經理，他看到我戴的手錶，竟打開了話匣子。他說，「你這一隻錶很不錯。」我回答，「這是我老婆送的生日禮物。」

他說：「其實手錶，有些人把它當成奢侈品，但是我自己認為它是一個成功的犒賞品。每一個人所追求的成功定義不一樣，但每一次的進程、每一次的歷程都應該為自己畫下一個里程碑。這個紀念碑最好的呈現方式就是戴在手上的一些配件，配件好比結婚戒指、珠寶鑽石等等具有意識提醒的作用。就是你看到這個信物、看到這個東西，你就會想起這件事情、節日、紀念日的意義，並在心裡面烙下深深的記憶。」學長接著又說，「很多人買手錶不是花費奢侈、浪費，而是給自己每個階段留下一個紀念。例如說，人生二十歲的時候買一隻手錶、人生三十歲的時候買一隻手錶。三十歲的時候，設定人生四十歲的進程，如果目標是有達到的，那我們就給自己留下一個印記。所以時常有部分人做這樣的一個行為，他是在提醒自己，他是在慰勞自己，同時也是提醒自己、給自己肯定。通常這樣的人，他會給自己另外一個目標，在往後十年，我必須要去哪裡？達到什麼樣的目標？賺到多少錢？或者是追求什麼樣的人生、健康、家庭、幸福……等等。」

那是在我三十五歲的時候發生了這件事情，所以學長他提醒了我第二點：「在現今社會參加人脈圈，例如說像扶輪社、獅子會、同濟會或者是青商會，以貌取人是必然的。這裡的以貌取人，當然是整齊、乾淨、舒爽、不邋裡邋遢的，我們要跟人家做生意、表現專業之前，外在其實是一種態度的表現，乾淨整齊、禮貌尊重、舉止得宜，這些都是個人素養基本的第一印象。」

趙經理又說道：「如果你有一隻入門的好手錶，那跟你接觸跟對話的對象，可能會將這個作為一個判斷你是否事業有成的因素。設想一個情境，如果今天要談一筆一千萬的生意，你戴了一隻電子錶，其實沒有什麼不對。但如果穿著合宜，並且能讓對方刮目相看，那我相信接下來的信任感或關係距離的拉近，應該會有加分的效果。」這是學長給我他在錶界三十多年的經驗分享。

事實證明，在往後的日子，當我參加中和扶輪社時，社友的組成成員都是地方仕紳，有建築師、律師、會計師等等，都是有點社經地位的人士。我沒有參加過扶輪，所以想進去看看這些老闆們、老大哥們到底是怎麼樣經營人生、事業、家庭。意外地因為這隻錶的關係，我與他們有了基本的共同話題，除了大家都秉持著有一顆熱誠服務的心之外，因為這隻老婆送的錶，大家認同了我的經濟基礎。那這件事跟我的手錶有什麼關係呢？通常在這樣的一個社交圈裡面，大家會依照你的外型、西裝以及配件來作為一個判斷條件。也就是說，如果你穿著邋裡邋遢，看上去不夠具有社經地位，成功人士與之攀談的機會就比較少，人以群分，幸運之神（財神）接近你的機率可能就比較不高。

這隻手錶對我意義非凡，不是因為它是我目前收藏最貴的手錶，更是因為老婆的用心而讓這隻錶充滿滿滿的感謝，謝謝老婆辛辛苦苦存下來給我的生日禮物。它不僅只是一隻手錶，更是滿滿的體貼與用心！我的另一伴，是一個擁有無我精神的人，她從來都沒想過她自己想買的，而把最好的都給了我，她的年華正盛、她的勤儉持家，她對我們家無我付出！

我才明白其實選對象最重要的就是「無我便是有我」，我把我們夫妻看成是一個全人的個體，我戴這一隻手錶就等於她也一樣擁有，在我們生命的里程碑是一個命運共同體，她希望她的先生早日出人頭地，不考量自身的利益而無我地付出。如果老婆是那種很自私的，那麼她一定會計較說為什麼要花錢買東西給老公，應該買給自己，配戴高貴的首飾、去喝下午茶、去貴婦圈逛街等等。但是我的老婆卻非常簡樸，她用無我的愛買下這隻我還負擔不起的手錶，讓我能有更高階的社交語言，讓外人對我有事業成功的印象，讓我有機會可以打入更上層的人脈圈子！

以上就是我的好友阿國的真實故事。如何找到這麼好的另一伴？我想轉述的是，交往的關鍵在於溝通！從溝通可以瞭解一個人的初衷、緣由。有些夫妻都會覺得一方都不成長，一方在成長時另一伴沒有跟上，久而久之，彼此沒有共同話題。常常看到有些報章新聞、媒體雜誌，報導本是天造地設的伴侶離婚，彼此怨恨，甚至比爾蓋茲這麼有錢，他光睜開眼睛生活一天，每天花一百萬台幣，還要花四百年才花得完。也許大家都用羨慕的眼光看著他，但媒體仍報導了他離婚財產被瓜分的下場，讓成功的人生有了不完美。

想找到好的另一伴，首先就要有無我的精神，當你真心愛上一個人，真誠地付出與執行，能使人信服；真誠地關心與對待，能使人誠服；而真正地無我愛對方，才能使人折服，我們都必須學習無我的精神，回到初衷，回到一開始兩個人在一起的起點。我們到底是為了追求金錢數字上的多寡在一起，還是為了建構幸福的家庭而努力？我跟他是同一體的嗎？當然，如果最後的那個結果是肯定的、是不變的、是彼此心所嚮往的，那麼相信溝通的環節一定要慢，不能急躁。因為如果一旦急躁，對方誤會了表達的意思，聽者心裡不說，離釋懷的心境會漸行漸遠。如果阿國生氣老婆亂花錢買昂貴的手錶，老婆也沒有把心裡面的想法用話語表述出來的話，那麼彼此就會造成誤會！

人與人相處都有情緒，要用包容的愛、你我共同體無我的精神，傾聽對方的聲音，先把嘴巴閉起來，不說傷人的話，好好聽聽自己另一伴的聲音。不用急著反駁，因為真理是不需要印證的，這時候的安靜是你要把對方的訊息整理、消化，吸收完畢之後，再找出最好的溝通方式。設身處地為你愛的人著想，那麼他也能聽到你內心的聲音。

尋找最好另一伴的方法絕對沒有標準答案，最好的途徑一定是從彼此探索之間找出來的。友人阿國從軍志願役，因軍旅生涯表現頗佳進而申請公費營外進修，出社會從商業保險（南山人壽）到職業工會，職場的種種經歷不甚坎坷，最後到參加公益社團成為五子登科（金子、妻子、孩子、房子、車子）、人人稱羨的人生勝利組。就是因為他遇到了無我付出的另一伴，在他背後默默打點一切。一隻手錶代表的不單是一份情意，更是溝通理解後的領悟，在生氣時，如果夫妻能夠彼此包容，彼此珍愛，理解緣由；妻子能聽丈夫把想法說完，丈夫能聽妻子把心裡的初衷說出來；深信在結婚宣示的承諾「愛著彼此」，永誌不渝。相信當彼此做到無我的愛，也就成就了大我，無我即有我！

05

先合再磨？先磨再合？

越是在逆境的時候，越是在痛苦的時候，
越是身陷泥沼的時候，越要把背脊挺得直直的，
不畏不縮，不懼不退！
越是在重圍的時候，越是在困頓的時候，越是在疲乏的時候，
臉上越要笑容盈盈，不累不倦，不卑不亢！
你值得擁有的是無盡的愛。

海鳥愛魚，魚卻游回了深海，海鳥翱翔天際。有多少第一眼你喜歡的人，因為覺得困難或不敢想而放棄了？

我有一對朋友叫做昌哥跟妮妮，他們是再婚，人生過了三分之一，還浪漫地像第一次初戀。昌哥被笑說都這年紀了還找第二春，外人笑看他們像父女，事

實上他們卻過著令人羨慕的神仙伴侶生活，無話不談、形影不離，二人踏遍天下好吃好玩的旅遊景點，並過著恩愛夫妻如膠似漆的美滿生活。到底他們是如何找到彼此的呢？

跟我一樣，很多人剛看到他們時，都誤以為是老夫、少妻，或是老爸、女兒，但他們卻不是大家想像的，妮妮是為了財富、為了地位、為了權勢，而委屈下嫁給看起來比自己年紀大很多的昌哥。真相是，昌哥是一個喪偶、自己帶三個孩子的單親父親，日子非常辛苦，小孩雖然鼓勵昌哥再找第二春，但他也是很猶豫，直到遇到善解人意的妮妮來到他的世界，才開啟了兩人的幸福大門。

他們用了很短的時間，不到一個月就從認識到結婚，他們究竟是如何找到好的伴侶，並且可以一直以來都過著令人稱羨的神鵰俠侶生活呢？

昌哥的秘訣是——選對象一定要首先選自己順眼的、喜歡的、非常愛的，一見鍾情、有Fu的女生，也就是賀爾蒙有感的女生。然後你要在你最在意的點以及在最有效率的時間，瞭解對方的家世背景以及所有的條件，但不完全是鉅細靡遺，而是帶著信任來問幾個大方向的問題，主要是你最在乎的價值觀。其實最重要的是你的「地雷」，對你而言完全不能接受的習性習慣，如同海鳥和魚，雖然深愛著彼此，但是否能接受對方跟你自身的差異？

昌哥最在乎的是一個人的財務管理能力，所以他在打算要結婚的時候，第一點就已經先問過妮妮是否有負債？並且也誠懇地跟對方說，如果你有負債的話，我就不要了，這段感情就此放棄。因為婚前的坦誠溝通，妮妮誠實回答自己負債了幾萬，而昌哥也能接受，如果是非常大的金額他可能就會考慮了，所以他再次確認有沒有其他負債，若有欺騙，他婚後會生氣。其他的對昌哥而言，皆是能克服的小事，重點是第六感對了就結婚了。但是這樣怎麼能確定找到好伴侶呢？婚前沒有試煉，也沒有多長的時間去更深入地瞭解對方阿？

剛結婚的他們還是會有口角，會有不開心，為了一件又一件的小事，也是會受盡悶氣、委屈吵架，但因為初心是喜愛對方的，願意和對方長相思守的信念，讓他們願意一起試著跨越障礙，而最大的方法就是——共同學習！

他們同意去找一個共同信任的婚姻導師，共同一起學習成長，回家後一起討論、一起做作業。當生氣情緒來時，二人該一起做些什麼事，他們就會一起去詢問老師，並照老師的規定去執行！

感情不應只有賀爾蒙的作祟而已，當他們對生活的認知有差異，例如昌哥喜歡高品質物質的追求享受，而妮妮傾向精神靈性層面的研究，產生價值觀的落差時，究竟誰該先低頭認錯呢？大師們常說：「伸手不打笑臉人。」維持表情的愉快很重要，但在他的心裡可能是對自己說：「我是一個愛笑的人，可是那不過只是我對你的『表情』而不是我真實的『心情』。」這時候該欺騙自己吞進委屈，讓步彼此對價值觀的落差嗎？情人們都很聰明，當你看過對方很愛你的樣子，又怎麼能忍受他對你的不耐煩及無理？

因此，婚姻導師教得不只是心態的調整，更重要的是一個人的修養修為。一個人熱戀的時候，什麼最好的都會給你，而當他沒那麼愛你的時候，這時看清的就是一個人本來的性格！

因此，交往時你要看清他在最困難、最失意時是怎麼對待你的，就能知道他真正的性格（本性）！要知道真正的愛應該勇敢、溫柔，而不是你一再猶豫和妥協，與其糾結要不要海鳥跟魚，不同的世界，那本不屬於你的心，不如直接斷捨離。但如果相反的，就像昌哥和妮妮，昌哥明知妮妮負債，卻不問原因，一次幫她還完，真心克服一切來愛她，無所謂「先磨而後合」的磨合期，而是為了愛先「合」在一起，共同面對困難，再來磨去彼此的稜稜角角。這樣的勇氣與溫柔，讓他們創下了愛的基礎。隨之而來，昌哥在事業上除了開設多家公司，跨領域甚廣，從高科技醫療高氧機到民生基礎東京板前拉麵店，事業如日中天，更將他們在婚姻情感經營的學習歷程，一一分享給更多有感情困擾的學員們，創建了許多心靈課程。透過他們的豐富感情人生經歷，從第二春帶著孩子，再次尋得真愛，不怕受傷，不畏磨合，迎著風，迎向彩虹，面對所有的嘲諷，不怕海鳥與魚，在天上、海裡，為了愛而持續不間斷地學習，學習共同價值觀，學習經濟觀、人生觀、世界觀。這樣的一見鍾情賀爾蒙，加上透過不斷學習的歷程，不僅令他們自己找到完美理想的另一伴，他們也在成家後，立下更多的事業，一加一大於二的成就，我在我這對夫妻好友上一覽無遺！

有好的另一伴，確實事業會是有如神助，他們夫妻的直播，讓他們的故事感動到許多粉絲。妮妮的貼心，因彼此鼓勵而學習的許多療癒課程，不僅幫助夫妻的關係，更幫助許多學生們；拉麵店加上妮妮貼心的想法創意和暖心的員工訓練照顧，二人互補的性格，讓拉麵生意好到總是大排長龍、水洩不通！古人說：「先成家而後立業！」說的就是能娶到一個好牽手，能夠持家幫夫的好妻子！人生事業上要成功，就是需要這一加一大於二的加成力量！

所謂的磨合，在昌哥、妮妮身上就真是道地的「合而磨之」，如果你想要拿到快速通向人生成功的門票，一定要找一個願意共同成長，跟你（妳）共同學習的另一伴。因為只有你們一起經歷「共同學習」的歷程，才能一起經歷成長酸甜苦辣的人生道路，面對人生百種萬千的風景，也才是真正永保如膠似漆的伴侶相處之道！選擇好的另一伴，除了我們提升知識水平外，不要忘記，愛情中「三觀」的學習，也是讓海鳥戀上魚而長相廝守，融合在天地並行的最好方法！

06 舔狗再愛不可嫁

小傑是一個台大體育系畢業的猛男，長得可以說是陽光又帶點黝黑的陽剛型男孩，光看他的體格長相，應該有女孩子會自己倒追，但奇怪的是我這個朋友卻始終單身，每每問到他交女朋友了沒？他總是回答：「還在努力！」

你一定覺得很納悶，問題出在哪裡？有一次我跟小傑同一組做企劃案的模擬，當時有一個在我們那組的女生對小傑甚是欣賞，可說是一見鍾情，小傑似乎也讀到了女生的心思。當晚女生說腿痠，小傑立馬就把她橫抱胸前，抬到椅子上，接著對小組討論的企劃案完全無心思參與，馬上如舔狗般對著女孩嘘寒問暖，不時又用手幫那女孩撥瀏海、擦臉頰，讓我們其他組員看得感覺不識大體。在這種工作場合上很不得體，把一個正式正經的場合弄得好像我們其他人是來鬧洞房似的。我們不是酸葡萄心態，小傑這種快速示好、像舔狗般的行為舉止，卻反倒引來女生的反感。人家說欲擒故縱，太積極對待你看上的獵物，不看場合有時候反而招致反效果！

小傑的兩眼直盯著女孩整晚，在彼此不夠熟悉之下，易讓女生誤認為是花花公子的代表人物，更甚者有些女生家教甚嚴，知書達禮，猛這一熊抱，以為學電視偶像劇裡男人強勢的壁咚，看似自以為的浪漫，卻儼然成為浮誇踰矩的變態。雖然這名詞有點殘忍，但要告訴大家，真正的好男孩最好還是循規蹈矩，就像男人上酒店一樣，那些輕浮的舉動對女人來說，是不夠穩重的男人才會做的行為。

說到這，你有沒有見過一種男生長得不怎樣，但是女人緣卻是超好的，好像女生有什麼問題都會主動去告訴他，不用他出太大的精力去巴結女孩子，反倒是正妹主動找他逛街吃飯。也許有人會說，那不就是傳說中的工具人或爛好人卡片得主？事實上卻不盡然，大多走進婚禮殿堂的他們，另一伴都美若天仙又善解人意，他們到底是怎麼做到的呢？

答案很簡單——他們不給另一伴「壓力」，而且行為舉止適得其所。就像酒店的雖然好玩，但也大多止於衝動，並不打算培養長期的關係。而女人也很容易察覺男人靠近她們的意圖，如果太過猛烈地示好追求，很容易被人當作無事不登三寶殿，很可能是只想要一夜情或是騙財騙色。如果想要追女孩，最好還是用溫水煮青蛙的方式，近水樓頭先得月，投其所好，循序漸進式地示好，讓她對你產生依賴感，自然在一起。畢竟現在資訊發達，已經不是媒妁之言的年代，如何好好自產自銷，必須先要能有個好形象！

如何建立一個人見人愛的帥氣型男角色呢？首先，你必須先愛自己，讓自己有陽光般的笑容、健康的體魄身材，最後一定要有自己的興趣嗜好，最好結合優秀的工作。因為有自己的生活圈，自信、自愛、自主，會使個人的魅力散發得更無懈可擊。全世界的女生大多數都愛成功、正面、樂觀、形象優質的男生，而這些元素的建構正來自於男人本身對生活、生命態度的表現。與其沒有主見地當一隻哈巴狗、舔狗，倒不如讓女生主動參與你的生活、讓她對你的生活美學感到欣賞，而這些都是對自己的要求態度積累下來的。好比是男人的啤酒肚與八塊肌，演戲的畢竟無法長久，但如果認真生活、要求自己，必定可以養成習慣，讓自己拉到和女生同等的水平高度。當男人表現出自己的能力條件，這裡不一定是說家財萬貫或是權高位重，當然，有的話更是加分，最重要的還是對生命燃燒的熱情，愛自己的生命，去展現地淋漓盡致。有句話說：「認真的男人最帥、最吸引人。」

許多女生的父母雖也都會考量男生的經濟條件、家庭背景，但更多的是看男孩的上進心、責任感、肩膀，是否是媽寶？能否好好照顧女兒，許她一個穩定無憂的將來？那還沒成功前，二人胼手胝足，又怎能知道未來風風雨雨是否能成立一個美滿的家庭呢？

其實，答案一樣是態度！有句話說：「態度決定高度。」在沒成功之前看的是潛力，就是你對生活的核心價值、面對事物的態度！這裡，你一定會疑問究竟是什麼樣的態度呢？就是愛別人前先愛你自己，這裡的愛不是自戀自大自誇，說自己當兵當年勇，多威武多叱吒風雲，而是因為愛惜自己，不留白地把每天過得精采萬分、充實自己內在外在。你要相信一件事，只有你自己好了，才能夠吸引並留住足夠好條件的另一伴。所謂的門當戶對，就是因為背景條件差不多，能夠瞭解、體諒、迎合、包容對方。若你是老鼠，當然龍交龍、鳳交鳳、老鼠生的兒子能打洞，高射炮是一個夢想理想，但留到最後才是關鍵！若是一顆橘子，金玉其外、敗絮其中，遲早也會露出馬腳。

要有君臨天下，像皇帝選妃的擇偶條件，當然就要有皇上的高度，對世界觀的態度，要有吸引人的條件，至少要有一個她喜歡但她沒有的特質，她擁有而你更好的條件。例如，她想學會拉大提琴，而你本身就會；她會國標舞，而你跳得更好可以帶她；或是你們都喜歡打電動宅在家、喜歡閱讀一起上圖書館、喜歡登山探險露營……等等的興趣愛好，這些熱愛揮灑生命的特質都更容易吸引到另一伴！成為一隻獅子王，絕對比當一隻聽話照做、無主見無人生目標、過上一天算一天、黏巴達的舔狗更加容易得到女生的芳心！

07 騎驢找馬不可娶

有一次我跟一位男性友人蓋瑞用餐時，他帶來了一位女性朋友卡蘿，她氣質非凡而且全身上下都是精品名牌，任何人看到都會以為卡蘿是一位富家女，或是擁有高薪的職業。我去和她聊天時，特別問到她是從事什麼樣的工作，邊打量她的行頭——戴著卡地亞的項鍊、Tiffany 的戒指、LV 的包包……看起來至少數十萬的穿戴，卡蘿說：「我在軍營裡面當福利社的櫃檯。」我非常好奇她的家世背景，於是我又問：「你家境很好吧！父母給妳買了那麼多奢侈品，都是新款呢！」卡蘿驕傲地跟我說，她全身上下都是男朋友送的，而且男友們的信用卡都在她身上隨便她用！

我不可思議地看著她，以為我聽錯了！男友們？男朋友不是只有一個嗎？她說：「一個哪可能供養得起我呢？我有三個同時提供我花用。」

我詫異地看她並問：「那他們彼此都能夠接受彼此的存在？」

卡蘿說：「那當然是不可能阿，所以我特地選不同軍種的男友，放假的時間都不一樣，遇不到彼此！」

我說：「那你為什麼不直接找富二代就好了？」

她說：「有阿，蓋瑞就是我的隱藏目標阿！」這裡補充一下，我這個男性友人當時有女友，而且是從事營造類的第二代，卡蘿的騎驢找馬觀念讓我震懾了一下！

有些女生看不出來，但是她的愛情演戲方式以及專業話術，還是讓一些男人拜倒在石榴裙下。如何讓自己避免成為那樣的盤子（凱子的台語，指容易被騙上當而花大錢的人）受害者？最簡單的方式，有人一定說，重愛情不重麵包，考驗那個女孩，出門都簡樸，甚至不送貴重的禮物就好啦，一勞永逸，一定不會吃虧！

這裡宣雯就要跟大家說說，事實上，有時候沒表現出誠意要來追求，或是都是吃穿用些便宜貨時，有可能也會被女孩子誤以為無心付出，而錯失追求到好女孩的機會。那麼應該怎麼判斷我心儀的女孩到底是不是把我當作是凱子、行動提款機呢？

其實，男孩們首先要先判斷你喜歡的那個她的經濟條件，包含她的家境、工作職位薪水、消費習慣水平。如果她只是一個24K的上班族，那就要先瞭解她的家世背景是否可以支撐她的花用；若結果是不成比列，那你可以再考驗她，若是送了她不錯的東西禮物，她是否也會回你差不多價值的禮物或是吃頓大餐。在她的一般消費水平之中，願意給你回饋多少。當然，這裡宣雯並不是說等價值地彼此送來送去，有個天平計算著，畢竟情比錢重要得多，愛情無價，怎能衡量？

因此，最重要的是看那女孩最重視的是什麼。如果她是個認真的女孩，每天最缺的是時間，但她卻願意為你花時間替你做些什麼，自己也不算很愛消費的人，那麼她也許不在備胎公主系列之中！

所謂的騎驢找馬，通常都是非常自戀的公主們，除了特別喜歡高消費，也特別喜愛把男人當作是提款機，暗示明示地要求男人為了證明愛她而花費高金額購買奢侈品。往往最常聽到的理由都是——「我要一個鑽石、寶石、定情物證明你愛我」，或者是「我需要安全感，把房子登記在我名下」。小聰明一點的就是撒嬌，說要逛街買衣服、保養品（前提是自己不捨得如此大手筆，不分晴天雨天打折日想買就買），然後耍小脾氣任性地要男人全數買單，完全沒有自己掏錢的動作。幾次下來，只有吃喝玩樂想到你，但當你需要她幫你一點小忙時，就用盡各種藉口理由推託。那麼，你就要先列入觀察名單了。

行情差一點的騎驢找馬型，就是會先找一個穩定的上班族，再去找一個高富帥、或者是白富美的另外一伴，但在你騎驢找馬之中，也許心存僥倖，但你的形象以及你的人格就已經被大大打了折扣。也許像我朋友蓋瑞只是想找個美女陪伴、吃飯熱鬧，而不自覺已被列入鎖定名單，少了防備心，在日久生情之下，也許在空窗期，就會因為這個習慣的陪伴而陷入備胎公主的局裡了。因此，騎驢找馬型的另一伴不可取，更加不能娶。要測試一個人的真心，當然要先細心觀察，在你決定交出你的真心之前，一定要先多花時間當朋友，和他身邊的朋友多親近，看看他的品格與過往的紀錄、交友或交往的歷史，不要太快陷進愛情的漩渦裡。

先瞭解他的金錢觀，並且觀察他是否也會禮尚往來，畢竟這是做人的基本道理。如果你喜歡的那個他，連人情世故都不懂，未來的日子你也會很累的是吧？畢竟，誰都不想另一伴像小孩子那樣永遠無時無刻都需要關注，應該避免因為無知造成的災禍。

因此，想要避免自己成為那隻傻驢，不管你的財力有多雄厚，記得先不要亮出你所有身家底牌，可以的話，用最普通的家世應對進退來對待你的潛在對象。讓他是因為你的行為、家教、氣質、能力而愛上你，而不是被砸昏的財力應付交往，共同培養些不一定要花費金錢的興趣，例如爬山、露營、打電動、一起研究某些知識或是共同去做家事……等等。

真正有公主內在的女孩們，會更喜歡有生活品味信仰的男孩，所以男孩們請挺直你們的腰背，勇敢無懼地把你們的信用卡收起來，真正愛你的女孩不會因為你有節度的花銷而離開你，反而是因為自卑而砸大錢在美女身上的，留不住，也輸不起！

世上還有無數多個卡蘿，如果你想要當最後的那隻被美女萬中選一的千里馬，那就千萬不要一開始拿大錢炫富，用錢砸出你想像的愛情。想想你們的共同興趣夢想，著手一起去完成，可以一起做公益慈善，探視老人院孤兒院、可以一起關懷流浪動物或是參加手工藝製作、一同旅遊探險……切記一件事，騎驢找馬，只顧自己好，你有需要時很難找得到人。大量金錢建構的不對等關係，當你遇到這種剝皮妹時，有時候也可以演一下你的窮困潦倒。真正的好女孩，終會不離不棄的！

失去的別可惜，留下的請珍惜！

Lesson 5

扎穩根基，好好愛自己

賀世芳

01

慎選出發的步伐

咩大寶：「小寶，最近看你都很喜歡使用交友軟體，你都怎麼挑選你喜歡的對象阿？」大寶關心起了小寶。

咩小寶：「當然是先看他的自我介紹囉！像是學歷高不高阿，有沒有什麼特殊的才藝阿，還有就是帥不帥阿，有些還會附註說他的薪水多少呢！這些條件可都是我挑選對象的重點呢！」小寶得意地看著大寶。

咩大寶：「但……我記得小咩老師之前有跟我分享過她的感情故事，她提醒的重點跟你的很不一樣！」大寶的思緒像是觸動到什麼機關，趕忙提醒小寶上回小咩老師講課時的重點。

咩小寶：「可是，我剛才提的條件都很一般阿！」不置可否地聳聳肩。

咩大寶：「不如我們再聽聽看小咩老師這次是怎麼說吧！」大寶的眼神中閃耀著覺悟者的光芒。

大學的時候我很喜歡一位學長，他長得高挑、斯文，最重要的是，他很有音樂天分。認識他是因為我跟他都是音樂系的學生，我們都是主修中國笛，但他吹得比我好多了；每次我只要一看到學長吹笛子，那悠揚的笛聲、那動人的樂句，再配上他那帥氣認真的身影，喔！我整個人了就融化了……在我們交往的那段時間裡，我最常扮演的角色，就是一個崇拜他的小女孩，坐在他的面前聽他吹奏；或是以他為主，聽他聊著自己的一切。我雖然很喜歡這個學長，但說真的，這一段戀情就只有我對他的崇拜和欣賞，彼此之間根本沒什麼互動，所以，就連最後我們是為什麼分手的，我到現在仍怎麼也想不起來，哈！

出社會後不久，我遇到一個讓我非常心動的男人，他的氣質很特別，有點壞壞的又有點可愛，說話幽默又機智。他是一家公司的老闆，開著跑車，多金又浪漫；交往期間他常帶著我享受生活，吃名貴料理、出入高級場所；他也常常到我家陪伴我的父母，參與我們家大大小小的事，那時我們全家人都很喜歡他。他計劃我們倆結婚以後要移民紐西蘭，因為他在那兒有事業、有牧場，所以我就開始認真地狂 K 英文，朝著他為我設計的美好藍圖前進。就在某一天，一切的美好突然中斷……他的老婆、孩子，竟出現在我的眼前！

她太太知道事情脈絡之後，理解我是被騙的，又看到我哭泣顫抖的樣子，她很仁慈，沒有對我大聲叫囂，也不打算提告，而是選擇跟這個男人……離婚。雖然「阻礙」沒有了，但我也沒辦法再跟這個男人繼續交往，因為他曾經說出口的那些謊言，實在太醜陋、太沉重，深深傷害了兩個女人的心。

在那之後，我開始變得沒有自信，對於緣分總是怯懦又沒把握，因為識人不清的陰影始終圍繞著我。後來我決定去參加那種對雙方資料都會「嚴格審核」的婚友社，防止自己再次誤入類似的陷阱。終於在一次餐會裡，我認識了一位台大物理研究所畢業的高材生。

他是一位優秀的研究員，生活作息正常，下班後不是看書就是慢跑。有時候他會特地帶我去浮潛、捏陶、接觸大自然，偶爾還會帶我去酒吧，喝個小酒放鬆一下，甚至還會周全地準備烤肉活動，招待我的朋友們一起歡聚……。

各位，如果二十七歲的你，經歷了上次的情感騙局後，碰到了這般誠摯體貼的男人向你求婚，你會答應嗎？是的，我選擇答應，迅速地與他步入婚姻。萬萬沒想到，婚後的他判若兩人，讓相處成為日復一日的折磨！

才進入婚姻蜜月期我就發現，日常生活中只要有一點兒不順他的意，他就會生氣、找我吵架，不吵到甘願他絕不停止，即便是半夜，翌日一早我們都得早起工作，他也不放過……。

他是個優越感極強且堅持己見的人。堅持並非不好，但堅持若成了一種教條、戒律，沒有絲毫的彈性與溫度，就會像一把出鞘利劍，不經意便傷害愛你和你所愛的人。例如他覺得慢跑對身體很好，所以不管是下雨天或是我生病了，他都會強迫我一定要跟他出去跑步，導致我發高燒、久病難以痊癒；他認為深海鱈魚對身體好，就會一次買幾十條鱈魚放冰庫裡，不准我跟孩子再吃別種魚；他根深蒂固地覺得傳統市場比較好，於是婚後便嚴禁我再去超級市場買任何魚肉菜類蔬果，沒遵守規定的話，就會換來精神轟炸般的指責。更絕的是，他根本就不愛大自然，他承認婚前帶我從事的戶外活動，全是因為他把追求女生當成一種任務，成功結婚，任務就達成了。所以，一到假日他便要求我們待在家裡不要出門，若我想跟女性朋友約出去或是回娘家，他就會生氣、憤怒甚至暴跳如雷……諸如此類令人很不舒服的例子，不勝枚舉。四年後，我在家人的幫助下，終於勇敢結束了這場婚姻夢魘，逃離了他教人抓狂的控制欲和暴力行為！

大家有沒有注意到，我的故事裡，這些失敗的感情教訓都有一個共同點，就像設計好的電腦程式——我都是以「對方的條件」來決定我喜不喜歡對方，相信這也是許多人選擇對象的依據。但我們有沒有想過，這樣的習慣是否有本質上的問題？是否程式設計的初始，已有了誤區？

兩個人的戀愛進程常常是這樣的，一開始我們會被對方的才華、學歷、財富、外表、聲望……等等條件所吸引，然後開始熱戀。幾個月過去了，當初那些吸引彼此的條件漸漸退居幕後，兩個人的真實個性上場，多了原則與底線，少了遷就與妥協，這下子才恍然大悟，原來彼此的個性根本不合，或是埋怨對方變了樣子，於是開始不斷地爭吵，吵到不可開交的局面，最後只能選擇分手。分手後，經過一段時間的療傷、復原，我們又像敢死隊一樣，再投入下一段戀情，再被某些條件吸引、再談戀愛、再吵架、再分手、再開始下一段戀情、再上演同樣的戲碼……有沒有發現，這根本就是一種鬼打牆般的惡性循環！

在這裡，我必須很嚴肅地提醒大家，若是以「對方的條件」來決定喜不喜歡或交往與否，就一定很難逃脫將來分手的命運；視「對方條件」進行篩選並不會比較聰明，它反而是愛情步伐凌亂的開始，千萬不要不信，我就是個活生生的例子！如果我們無法避免「看條件選對象」的盲點，那麼在進入交往階段後，就一定要具備高度「關注差異而不是只看條件」的智慧。唯有當我們發揮「觀微知命」的敏銳度，找出兩人相處模式上的關鍵問題，並尋求解決差異的溝通辦法，才能不走進愛情墳墓，與你的另一伴享受著共存、共生、共美滿的婚姻生活。

02 打下更好的基礎

前些日子，我看了一部二〇〇九年的英國電影《名媛教育》，描寫一位有望就讀牛津大學的十六歲女孩Jenny，某天遇見了一位成熟時尚、充滿魅力的男人大衛，在對方積極追求下，女孩初次體驗到大都會的奢華享受、燈紅酒綠的浪漫情懷，她覺得這樣的生活才是自己嚮往的，遠比刻苦讀書的無聊日子有趣多了，於是毅然決然放棄學業，決定和大衛結婚。沒想到後來發現，大衛根本就是一名已婚男子，而且還是一名欺騙年輕女孩情感的慣犯。慶幸的是，傷心的Jenny最後記取了成長的教訓，重返校園，找回那原本就屬於自己的純樸與踏實。

看到這樣的電影劇情，也許一般人不覺得特別，但對我而言，它就像一個黑洞般，突然把我吸進那段不堪回首的記憶裡，即使歲月已泛黃，即使我已學到教訓，但那剛出社會就被欺騙情感的畫面，如今仍浮現眼前，直擊內心的痛點，激起了鬱結胸悶的感覺⋯⋯。

不會看人、誤入情網的故事，發生在年輕女孩身上時有所聞。當然，騙人情感的人不分性別，男女都有，而我們到底該如何防範被這些人欺騙呢？難道一定要等到受騙後才能變聰明，得到教訓嗎？或一定要等到年紀大了，才有看人的智慧？不諱言地說，上了年紀，仍被有心人士欺騙情感與金錢者大有人在。

那些樂於騙人的人，真的非常可惡、混帳又噁心，並且這種人都躲在暗處，虎視眈眈地往明處尋找獵物；而被騙的人，通常都是一群善良且心思簡單的人，以為別人一定像自己一樣，不可能說謊，不可能有計劃地騙人、害人。於是，一個精明的騙子，便會搭配一個天真的傻子，讓被害者在不知情下，與加害者聯手完成一場「騙局」。

我曾是一個情感被騙的受害者，我承認年輕時的善良，具有非常愚蠢的成分，甚至一些價值觀產生了偏頗，才會讓騙子有機可乘。慶幸的是，經過歲月的洗禮、生活的修行，以及第二段婚姻帶給我滿滿的體悟，現在的我終於明白，唯有修養自己、增長智慧，並留下可貴的善良，當負面的人、事、物出現時，我們才能被自己堅強牢靠的心智保護，甚至還有餘力去照顧心愛的人。

勇敢向框架說不

分手後總忙著將錯誤指向對方，其實已於事無補，倒不如勇敢面對傷痛，從每一段失敗關係中學習新的領悟，回饋在自己的做人處事上，或是與另一伴的相處上，如此才是最聰明務實、最具有建設性的態度及作法。

就拿我與第一位高大帥學長的交往為例！

當時的我，並沒有花足夠的心思去照顧自己的心，只是一再地聽從對方的想法，把他視作什麼都比我好、比我強、比我聰明，完全不去思考這種關係其實是不對等的。這也是很多年輕女孩子容易碰到的問題，不，應該說，不管男女老少都可能會碰到這樣的問題——被表象的條件誤導，在關係裡忽略了「人生而平等」的原則。

之後，當我被那位劈腿男迷人的氣質、幽默的談吐，以及大方的對待所吸引時，以為那就是對方疼愛與重視我的表現，無疑地，那時的我將判斷真假的智能關閉了。

說真的，我的血脈裡並不具有盲目追求愛情的基因，然而，即便是理性如我，進入了熱戀期也是會被沖昏頭的。記得在交往時我曾要求他：「我要看你的身分證！」但他跟我說：「因為公司在擴增資金，身分證被壓在銀行裡。」戀愛中變得無知的我，居然相信了這句鬼話！

我將這樣的經驗分享出來，就是希望能夠幫助大家認清兩件事，第一，沒有人劈腿會是無心之過，當他決定要成為劈腿之人時，早已準備好一把把說謊的利刃，隨時朝向你的標靶，而且總能射中紅心。

騙子常常是聰明的、偽裝的、心狠的、狡猾的，我們沒有地圖或索引可以找到他們，一個不留神，他們就出現在你我的身邊，可能是社交網路的留言、路邊的邂逅、夜店裡的搭訕，可能是陌生人，也可能是你的朋友、朋友的朋友，或是任何一個你認為他絕不可能是騙子的人。想想，連FBI、警察都無法徹底掃蕩他們，當他們出現在我們身邊時，我們又怎能永遠成功地察覺與防禦呢？

所以，最好的辦法，並不是像個FBI一樣二十四小時開機待命，只為搜索到壞人，而是當他們出現的時候，善良天真的我們已具備辨識與防衛的能力，使受騙上當的機會無法靠近我們，這，才是根本的應對之道。

第二，當我們越是陷入愛戀時，就越是需要對每個環節提高警覺，千萬別像我一樣自以為清醒、理智。事實上，當你沉醉在幸福快樂時，更應該謹慎地提醒自己——真正的你，現在究竟是站在雲端上？還是已陷入蜘蛛吐出的濃密蛛網中？一個不留心，便很可能被愛情沖昏了頭，而讓悽慘不堪的下場，在前方的生命道路上，等著被發生。

談到第三個案例，關於前一段婚姻中的我，其實也有值得檢討的地方。由於，我受到傳統觀念的影響太深，認為「包容」是婚姻裡應有的美德，所以對於先生的苛刻與壞脾氣，都是抱持著容忍的態度，未曾有過好好溝通的想法，也沒有尋求外援。豈料，這樣從一開始就縱容對方，不進行匡正、疏導的婚姻關係，只會讓對方根本不知道自己哪裡有錯，而且愈來愈過分。但想想，這張許可證，難道不是我自己發給他的嗎？

在這裡，我誠摯地提供一些不同面向的思維，給正在尋找對象的各位思考。

首先，在交往期間，千萬不要被表象的條件誤導，就讓自己像隻自由的鳥兒俯瞰大地，請仔細地觀察自己與對方的空間裡，關係是否對等？如果發現有不合常理的言行舉止時，應該要有勇於質疑與慎重調查的態度。若沒有一個認真對待感情的態度，其實就是在縱容交往中的另一伴，同意他對你行使粗魯、不合理的舉措。每次發現異常時，當務之急就是進行調整，也就是開口與對方溝通，將兩人的關係攤開來談，予以修正，以免身陷潛藏的危機中而不自知。

接下來是選擇條件的問題，這也是許多人的生命課題。捫心自問，你想要跟有錢人談戀愛嗎？NO，那是行不通的，唯有花自己賺來的錢才最踏實。你想要找有才華的人當對象嗎？NO，你可以去音樂廳觀賞演奏，或者看 YouTube 的影片，裡面精彩的才藝多得是，一輩子都看不完！你想要帥哥美女當你的另一伴嗎？NO，看電影、影集、連續劇就有了，帥哥美女立刻就出現！

當然，外在條件好的人也可能兼具很好的內在，但大前提是，我們一定要先認識自己，提升自己的智慧，打開內心的雙眼，才能讀懂一個人的本質，看清楚一個人的真實樣貌。

摘掉有色的眼鏡

如果你總是以社會的標準，去看待別人、定位別人，像是用名聲、學歷、外表、氣質、金錢、房子、車子、談吐、學識……等等去衡量別人的價值，給別人打分數的話，那麼你的心就會被這些條件和標準所綑綁。因為你可能會覺得自己擁有很好的條件，所以很優秀，然後看別人覺得別人不OK、輕視了別人。相反的，你也很可能會覺得自己的條件不夠優秀，產生自卑感，因而高看別人、貶低了自己。

有一個朋友初認識我，就用一種很崇拜的語氣對我說：「天阿！你好厲害，你是名人耶，維基百科有你！」我跟他說，是因為喜歡聲優的朋友們幫我蒐集資料建立的。過陣子他又跟我說：「某某某一直跟我說他自己有多厲害，我就以為他很行，常常以他的意見為主，什麼都聽他的，結果最近他的態度愈來愈強勢，常常用上對下的態度對我，讓我很不舒服！」我跟他說：「不是有維基百科的人就很厲害，也不是聲稱自己很厲害的人就真的很行，名聲和宣傳都只是浮面的東西，我們交朋友，不能用表象的條件打分數，而跳過真心誠意的感受與觀察。」

要知道，我們如果用社會的價值觀，來決定我們看人的眼光和標準的話，這是一件很膚淺也很危險的事。仔細想想，擁有靈性的人類，我們有沒有自信，居然是由社會對條件的定義來決定！我們對別人尊重與否，評斷別人優不優秀，居然是由社會標準的高低為依據！這不是很莫名其妙且愚蠢的一件事嗎？

這就是大部分人類的悲哀，也是我們有可能比動物還不如的地方。提及動物，這裡有一個問題我們可以試著回答，當我們看到一隻全白的烏龜或是一頭雪白的大象，我們人類是不是會驚呼：「哇！好特別、好珍貴，是全白的耶！」但……我們曾如此珍貴地看待，同為人類得到白化症的朋友嗎？

還記得有一次，身為攝影人的我參加攝影團，前往中國大陸極為貧窮的大涼山拍照，一到達當地，團裡有人很興奮地說：「這個地方要快點來拍，機會很難得，等過陣子這兒被扶貧起來，照片就不好看了！」眾人附和。那天聽到這些話，我的內心很衝擊，我們拍出的照片，是取材於他人極為貧窮的生活，而且他們愈窮，我們拍出的照片就會愈好看！

我想說的重點是，在一堆稀奇古怪的社會價值觀下，我們是否有思辨的能力去感受它的弔詭、不合理，甚至是不公平呢？再舉更簡單的例子，以前的人會覺得裹小腳很漂亮，現代卻覺得這個行為很不可思議；以前大受歡迎的科系，現在可能乏人問津；以前大學生很稀罕，現在連博士找工作都難；古代豐滿身材的女子被認為很美，現在崇尚的是骨感之美；一百年前，鑽石在人們心中非常普通，現在卻價值連城……還有太多的例子都可以說明，人類社會的價值觀是浮動的、是經不起考驗的，甚至常是扭曲可笑的。所以，我們絕不能以社會價值觀的標準來評價我們自己或是他人，無論是外顯的態度，或是內在的心裡，對人對己，都應平等、良善。

杜絕悲劇的開端

悲劇的開端，總藏於過分的自卑或自大，特別是在兩性關係不平衡的狀態中。如果條件標準影響了彼此的心，那麼沒有自信的那個人，很可能會有兩種發展：一種是，因為沒有自信，老是不放心，為了證明自己的存在、強大，他會想辦法控制另一伴；另外一種人則恰恰相反，他的沒自信會變得退縮、沮喪，然後對另一伴恐懼或是逃避。當然，內心過於優越自大的人，也容易發展成對方的壓力，造成兩性關係另一種控制的局面。

請問，這是我們原本期待的相處關係嗎？當然不是。所以千萬不要剝奪自己和別人的自信，也不要膨脹自信而成為自大的人，才能讓彼此相處時，擁有身心靈的自由，覺得自在舒服。兩性關係裡，若出現其中一方過於自卑或自大，想要控制對方，或是其中一方感到恐懼，想要逃避，那麼這樣的關係，就已經走在終結的道路上了。

所以我們一定要啟動內心的靈性，好好地觀察自己、觀察對方，不沉迷於表象的條件，隨波逐流。還有一點非常重要，那就是擦亮雙眼，千萬不要亂發好人卡給周圍那些乍看起來雖不起眼，但卻是實實在在的好男孩或好女孩，因為，你很可能已經把幸福的鑰匙，雙手奉送給別人了。

咩小寶：「聽了小咩老師的分享，我發覺我好像把重點都放錯位置了，我應該要清楚知道，自己內心真正想要尋找的是什麼樣子的人，更謹慎地以內在條件挑選適合的對象才對！」

咩大寶：「是阿！若是把外在條件看成重點去選擇對象，交往以後必定會面臨很多相處上的問題！」

咩小寶：「我現在瞭解了，真的很感謝小咩老師的分享！」

Lesson 6

練好功夫，為愛闖通關

賀世芳

01

通關第一式，遠離「星系風」

咩小寶：「大寶，聽說之前隔壁的馬大姊介紹了一個漂亮女生給你，你們兩個相處得怎麼樣阿？」

咩大寶：「唉！小寶我跟你說，我跟那個女生根本合不來！」

咩小寶：「阿？又合不來？馬大姊不是已經介紹好幾個給你認識了嗎？乾脆你自己找還比較快！」

咩大寶：「我不敢！我會害羞！而且我也不知道要用什麼方法！」

咩小寶：「不然，我們去問小咩老師，或許你就會找到方法囉！」

咩大寶：「好主意！」

二〇二一年日本國立天文台（NAOJ）研究發現，一百三十一億光年外巨大的「黑洞風暴」正以一百七十七萬公里的速度移動。這個超大質量的黑洞吞噬恆星，造成大質量恒星發出粒子流，釋放出強烈的氣能量，將周圍的物質向外推，研究上稱為「星系風」。該研究還指出，黑洞驅動的「星系風」會影響整個星系的生長。

雖然目前科學家尚不明白星系和超大質量黑洞是如何共同進化的，但我覺得黑洞和星系風的互動模式，用來比喻一顆等待愛情的心，蠻適合的。或許我們只是一顆剛吹滿氮氣的超新星，又或許前一個愛情，曾經將你我的心像氣球被擰炸過。

關於愛情，我們的心總會像黑洞一樣，既移動吞噬著一切的擔憂，藉以尋找愛情；但在尋找愛情的同時，又因為害怕失敗，總依賴著周圍的「星系風」將圍繞的緣分吹走。

誰是我們周圍的「星系風」呢？是的，有可能就是那些極力幫我們把關，為我們「尋找對象」的好友們，因為我們總是允許自己依附他們、依賴他們。從現在起，深入理解愛情這門功課，做自己的主人，好好為自己增強功力吧！

關於「淺度相處」

年輕時，當被問到：「為什麼會離婚？」我總是會提及前夫在婚姻裡的控制與蠻橫，然後再對自己的軟弱進行反思，但，造成一段婚姻的失敗，原因豈止這麼簡單！

我們不是常說，婚前一定要「瞭解」對方，否則婚後就會問題多多；但有多少人知道，什麼是「瞭解」？又有多少人知道，要「瞭解」到什麼程度？大部分的人都沒有答案，只憑著感性或直覺，認為彼此很相愛、一定夠瞭解，然後就決定步入婚姻。

成熟以後的我，終於看清楚事情的樣貌。其實，我前夫的控制和蠻橫，並不是造成婚姻失敗的「因」，它只是「果」，我的軟弱也只是「果」而已；真正的「原因」是，婚前的我們只有「淺度相處」。這跟婚前相處的時間長短，並沒有直接關係。我們看過好多夫妻，婚前戀愛了七、八年，可是不到一年就離婚了，難道七、八年的相處，就代表他們真正瞭解對方嗎？當然不是。如果在一起的品質只是「淺度相處」，那麼時間再久也沒有用。如果僅僅「淺度相處」後就貿然結婚，當然容易掉進「相愛容易相處難」的困境，認定婚姻就是愛情的墳墓，充滿了無奈與悲哀。

「瞭解」是分很多層次的——我知道對方愛看電影、愛閱讀，這是淺薄的瞭解；我知道對方樸質無華、花錢有度，這也是淺薄的瞭解；我知道對方努力工作、專業負責，這還是淺薄的瞭解；我到對方家裡，看到一、兩次他與父母的相處，這同樣只是淺薄的瞭解；我看見他為我做這、做那的，以為這就是愛，這更是一種淺薄的瞭解。

「淺薄瞭解」後就結婚帶來的下場，每個人不盡相同，我的劇本一二如下：

結婚後，他告訴我說，他不贊成買房子，我們要一輩子租房子。他是怎麼想的，我無法理解。在租的房子裡，他不准我掛畫、擺設裝飾品，他說簡單一點才好，家徒四壁也是一種簡單的美。學藝術的我，也無法理解。他不准我去超市買菜，因為傳統市場的菜才新鮮。這個堅持，我也不理解。

假日他不出門，不喜歡接觸大自然，希望我和孩子都待在家裡。這與婚前完全不同，他的變化我也不理解。他沒有任何的朋友來電或拜訪，這點我也不理解。希望他買保險，給家庭一些保障，他說我詛咒他死。這樣的回應我很驚訝，同時無法理解。他不喜歡我交朋友，連外出跟同性朋友會面，他都會大發雷霆，這點我一樣不理解。

關於這些千奇百怪的原則與想法，都超乎我婚前的預想範疇，以至於婚後的我，從一開始跟對方爭取，沒有用；爭吵，沒有用；到最後只能選擇一再地包容，然後帶著無助與絕望，等待逃離的一天。

我的經驗告訴我，婚姻失敗，怪對方真的一點用都沒有，因為重點根本不是對方的問題，而是我自己在婚前並沒有運用智慧，打開心眼，好好地去「深入瞭解」對方。例如：婚前，我怎麼不跟對方聊聊保險觀念？購屋看法？喜歡什麼裝潢？都在哪裡買菜？交朋友的態度？比較喜歡待家裡或是出門走走？……其實，有太多跟生活真正有關的問題可以問、可以聊，只可惜我都錯過了！

婚前真正該做的事情，就是應該讓「疑問」存在於兩個人的相處裡，才能真正搞清楚眼前的這個人，是否真的是適合我的人？就算不適合也沒有關係阿！

也許不適合我的，卻深深吸引著另一個人的緣分，趕緊放手，有機會做個月老牽牽線，將可能發生的悲劇，轉變成他人生命中可遇而不可求的彩蛋，何樂而不為呢？

人只有透過深度瞭解後做出的選擇，才不會形成婚後的不堪與後悔，這就是婚前的「深度相處」。我衷心希望，每一對戀人都能將生活的、現實的，甚至是細節的問題，都先落實在婚前進行瞭解，絕不要傻傻地不帶心機，只以激情、感性、直覺，草率地決定一個將要生活一輩子的人，那麼幸福就會像星系風一樣，你依賴它，它卻離你愈來愈遠。

只有不依賴才能遠離「星系風」

第一段婚姻畫下句點後，雖然脫離了痛苦的枷鎖，但「婚姻失敗」的烙印，總讓我感到憂傷、無助、失去盼望……。還記得有一天下午，我在路上走著走著，臉上的淚水竟不停地流下，當時正好經過一間教會，門口兩位姊妹一見到哭泣的我，趕緊上前安慰我，並帶我進入教會。不認識我的她們，專注傾聽我的委屈，不斷地為我禱告，甚至一同流下了淚水……。後來我常去教會，才慢慢拾回臉上的笑容，此生我都不會忘記，教會曾經給予我的那份溫暖和關愛。

後來，我終於敞開心扉，願意再次接觸新的對象。然而，好不容易從黑洞裡走出來的我，選擇不依賴別人幫忙介紹對象。或許有人認為，別人幫忙才是最快最好的方法，既能先篩選跳過地雷，又能避掉爛桃花，不是很好嗎？但我卻認為這麼做，算是一種偷懶的行為！

為什麼說偷懶呢？因為你是把誰應該跟你約會、誰適合當你的另一伴，交由別人來幫你判斷、幫你決定，當然，這個幫你吹走緣分的「星系風」，也可能包括了為你擔憂又勞心的父母。

也許你會問，長輩朋友們幫我們過濾難道不好嗎？其實在愛情宇宙中心的我們，才應該要為自己的幸福，付出更大的努力才對！如果黑洞會說話，你問黑洞：「什麼是永無止境的黑？」黑洞恐怕會回過頭來問你：「黑的定義是什麼？」

我想表達的是，「黑洞」只是別人看待人事物的一種角度，而黑洞面臨最大的問題就是——「黑洞自己並不知道，原來自己本身就是個黑不見底的洞！」

如果你靠長輩來幫你過濾對象，那你可要小心了，因為他們眼中看到的光明，說不定正是你最害怕的「黑洞」；朋友認定的「黑洞」，說不定才是你所喜歡、感到最舒服的顏色。以前長輩常說要五子登科，這真的是最好的人生選擇嗎？隨著時代的轉變，五子登科的優秀條件，往往成了糾纏的「黑」，當人陷入時，才發現原來跳進的，已是伸手不見五指的「無底洞」。

平凡的幸福，該由你自己來定義，若只依賴別人介紹，常常會出現各種狀況。有些人會跟你說：「好阿！好阿！沒問題！」結果人家根本就不積極，或者太忙忘記了，你當然也不好意思一直開口拜託人，然後就這樣幾年過去了！

還有人就像咩大寶所遇到的狀況一樣，有些很熱心的中間人，可能是王大媽或李大嬸，哪天她們突然認識了一個未婚女，敏捷的雷達馬上想到：「咦？那個大寶不是也未婚嗎？那你們兩個很合適阿！」接著就積極地幫你們撮合，結果你們兩個見了面都覺得不來電；或者相處了以後根本合不來，這不是白忙了一場，浪費了大家的時間？

請問，「你」參加考試，能叫別人幫你看書嗎？當然不行！雖然請別人介紹對象不一定會失敗，但由自己主動尋找另一伴的成功機率，絕對會比別人代勞的機會來得大，因為最瞭解你的人，還是你自己。

「好對象」到底在哪裡？又到底怎樣才算積極主動？我和周邊朋友親自體驗過的三個對策，提供給大家參考參考！

他／她在你的嘴裡

首先，好對象就在你的「嘴」裡。要知道，害羞就完蛋了，如果你有心裡喜歡或暗戀的對象，一定要讓對方知道，不管是當面、傳訊息，或是製造任何的機會都可以！你如果堅持害羞下去，不僅浪費青春、歲月，還可能眼睜睜地看著你喜歡的人被追走，哪天變成了別人的老公或老婆。若最後真變成這樣的結局，不會有人同情你的。

會害羞都是因為怕丟臉，但我想要跟各位分享的是，以前我也收過好多情書、被很多人告白過。雖然我不見得會喜歡對方、答應跟他們交往，但我從來都不會笑他們，相反的，我打從心底覺得，寫情書或當面告白的人好勇敢喔！

你不覺得嗎？他們其實很愛惜、很在乎自己的感受，他們會為自己去尋找喜歡的對象，而不是假手他人。甚至現在回想起來，我都還是覺得他們超酷的！

女生也不要客氣喔！如果有喜歡的男生，就去表達、就去追求，我們可以用適合女生更委婉、更具有美感的方式表達阿！像是手作卡片，送個小蛋糕什麼的，方法很多都可以試試看。有想過嗎？為什麼男生可以追自己喜歡的女生，然後結婚，而女生卻只能被動地等男生來追，嫁的對象都不是自己先喜歡、先動心的男生？這樣不公平阿！對不對？

我就曾經有一個女生朋友，當她看中了喜歡的對象之後，可是花了半年的時間追她老公呢！除了每天等他下班、感冒就燉熱湯給他喝、天冷了送衣服給他穿，我這位女性朋友還三不五時買票請對方看電影、參加活動……等等，最後男方從無感到非常感動，兩人就這麼順順利利地結婚了，人家現在已經幸福好幾年了。總之，男生女生都一樣，不要害羞！更不要因為性別差異，而錯過了喜歡的另一伴！

他／她在你的手裡

第二個方法就是——好對象在你的「手」裡！什麼意思呢？用你的手上網阿！你們知道現在有多少幸福的佳偶是靠網路認識而結婚的？我周圍就有很多的朋友，不管是年輕的或是中年人，他們的男女朋友或是結婚對象，都是從網路交友平台認識來的。

當然，你可能就是那個會說：「阿！網路交友……我不敢，我怕被騙！」或者你會說：「網路上有很多壞人耶！」但親愛的朋友，如果你自己不先去貪色、貪帥、貪財，而是拿出你的真心誠意在網路上交友，其實要碰到騙子的機率還真不高。當然了，防人之心不可無，認識網路朋友時一定要「眼觀四面，耳聽八方」，摸清楚對方的來歷，只要覺得怪怪的，一定要馬上問問你周圍的朋友，讓大家幫你分析判斷。我認為在網路交友前，你需要先定下原則：

❶ 跟網友見面一定要在安全的地方。

❷ 絕不把錢匯給對方。

❸ 絕不跟人家亂上床。

試問，如果以上三點你都做到了，那你還會被騙什麼？

他／她在你的腳下

第三個方法就是，好對象就在你的「腳」下。這是我很喜歡使用的方法，就是多多參加社團活動。

你不覺得這方法太好了嗎？不但可以一邊學習，還可以一邊認識新朋友。特別是，你如果想找到跟你有相同興趣的另一伴，那是再好不過的途徑了。你不但可以在社團裡很自然地認識一些異性朋友，又可以藉由一次又一次的活動，看見對方比較真實的面向，以及言行裡的細節。當然，千萬別忘了，在社團裡，我們也可能正被別人喜歡，正被別人觀察著！

也許你想說：「老師，我有參加阿！但都沒看到喜歡的！」或者你會說：「我喜歡的活動或社團裡很少異性耶！」請仔細想想，如果現在是你找對象的人生階段，是參加異性比較多的社團比較重要？還是死忠地待在原地不動比較重要？快戴上好奇貓的眼鏡吧！多換換社團，絕對有助於你擴大視野，除了有更多機會認識新的朋友，同時還可以多培養其他興趣，真是一舉數得！

總而言之，不管好對象是在你的嘴裡、在你的手裡，還是在你的腳下，你一定要有所行動，走出舒適圈，擴大交友直徑，就從投己所好的活動開始吧！例如，你喜歡看書，就去參加讀書會；你喜歡跑步，就去參加路跑活動。不出發、不行動，就像開車不踩油門、騎自行車不踩踏板一樣，毫無進展。要知道，有行動都不一定百分之百成功了，不行動的話，是絕對不會成功的！

在開始行動之前，我想提醒的是，唯有在言行舉止上實際改變，才能將我們的質感快速提升，如此，別人與你相處時不僅能夠舒服自在，而且一段時間後你會發現，那些來自人際關係的是是非非或煩惱，早已不知不覺地遠離你了。

試著讓自己更有「吸引力」

經過一段時間努力後，若我們終於看見心儀的對象，接下來該怎麼做呢？可別以為把自己變得更好、有喜歡的對象了，一切就會水到渠成；能這麼幸運當然要恭喜你，但一見鍾情就兩情相悅的例子，畢竟不在多數，還是要歷經「追求」的過程，才會開花結果，這裡再強調一次，主動追求，不分男女喔！

02 跟大師學如何吸引另一伴

教人如何追求對象的書籍很多，我個人特別推薦國際著名情感問題專家莉爾·朗茲的著作《如何讓你愛的人愛上你》。書中所提的方法，很落地也很實用，在此整理一些重點，在你鎖定目標後可以參考。

莉爾·朗茲提到，兩性關係以互動為根本。就像打羽毛球的兩人，一定要你來我往才能打下去，但若想打得精采、令人讚嘆，就需要更高超的球技，才能創造一場完美的球賽。莉爾·朗茲主張每個人都應該要增進吸引對方的能力。

具備良好形象

包括出門前要打理好自己的外在形象，以便隨時準備好迎接愛情。這裡提到的形象，絕不是指皮相上的英俊或美麗，而是一種讓人看了很舒服的感覺。例如髮型整齊不亂，穿衣款式、配色用心，舉止大方文雅，切勿讓邋遢的模樣，毀了個人形象。

多練習眼神

接著，要多練習用眼神直視你喜歡的人，是帶著笑意凝視對方的那種，而不是死盯著看！如果你是被凝視的那個人，同時你也喜歡他，可不要因為被注視而緊張，變得閃躲或多話，此時，你也可以把嘴角微微上揚，報以溫柔善意的眼神回看他，這樣的互動，是很鼓勵對方的。當然，等熟識對方後，還可以用更深情的眼神，欣賞他的一切。

會找話題聊天

接著，要會找話題聊天——小心，別當話題終結者！莉爾・朗茲提到一種技巧叫「摘櫻桃」，就是在對方的語言裡找到特殊的詞彙，將話題繼續。作者舉了這個簡單易懂的例子：下雨天有個男孩在等公車，回頭看到一個很可愛的女孩，男孩上前搭訕，男孩問：「你也等很久了嗎？」女孩回答：「是的。」男孩又說：「雨下這麼大，可能路上有點堵。」女孩覺得男孩分析得有道理，若有所思地點點頭。男孩找不到話題了，只好尷尬地說：「雨愈下愈大了！」女孩覺得有點無聊，隨口回了一句：「好像是，不過對植物有好處。」

重點來了！「植物」對女孩而言，一定有特別的意義或生活上的連結，此時男孩就要抓緊這個話題跟女孩多聊聊。男孩有很多選擇，像是「你家有花園嗎？」「你養了很多植物嗎？」「你去過熱帶地區嗎？」「是不是喜歡熱帶植物大大的葉子？」……等等。在跟喜歡的人說話時，一定要豎起耳朵，在話語裡找尋「櫻桃」。

當你找尋到「櫻桃」時，記得要開始多說「我們」。比方說，男孩約女孩時說：「時間還早，我們去看電影吧！」就會比「時間還早，去看電影吧」高明許多，因為「我們」聽起來，就有把對方考慮在內的一種微妙體貼。

善用肢體語言

兩人更熟悉後，可以加入一些肢體的觸碰，也就是要善用肢體語言。也許是上手扶梯時，扶對方一下，或是幫對方取下頭髮上的落葉，都會帶給對方好感，使感情的進展更迅速。記住，使用這招的條件必須是在兩個人更熟悉以後。

尋找共鳴之處

在兩個人進入熟悉後的關係裡後，接下來就是該找找兩人之間是否有「共鳴」之處。令人振奮的是「共鳴」這件事，可以藉由兩種方式練習：

❶ **建立相似性**——尋找共同的興趣，一起做事，一起聊天。在各種價值觀裡，找到彼此的相似之處，產生共鳴。探索對方喜歡的被愛方式，而非盲目地使用自己的方式去愛對方。

❷ **展現互補性**——發現對方感興趣而自己沒有關注過的事物，雖不強求自己去接觸，但能抱持著開放的心態，聽他分享所有感受，傳達一份支持的溫度與力量。

有了心儀目標，最重要的還是行動。行動絕不是一成不變的，只要能從心出發、細膩觀察，說不定你的腦海中，就能湧現出更多適合你與對方的方式和技巧，快活用它們吧！

03

兩性關係的首要功課

咩小寶：「大寶呀，你知道小咩老師是怎麼尋找到她現在的另一伴嗎？」

咩大寶：「不知道耶，但是他們現在看起來好幸福喔！感情一直都很好！」

咩小寶：「不知道他們平常是如何溝通、如何相處的？我看到好多人結了婚後，在溝通、相處上都沒有辦法達到一個共識，也不知道是哪方面出了問題，該怎麼解決？而且有時候問題放久了，搞不好連交流都沒辦法交流了呢！」

咩大寶：「這問題好難喔！我們直接去請教小咩老師好了，聽聽看小咩老師是如何認識她現在的另一伴，他們又是如何溝通相處的呢？」

前面提到，我希望靠自己的力量去尋找對象，因為當時正巧有好幾個朋友，都是在網路上找到心儀的另一伴，這給了我很大的勇氣去嘗試看看。

在網路世界裡，我的確認識了形形色色的男人，有些男生會問我說：「你喜歡穿短裙和高跟鞋嗎？」這種男人那麼輕挑，當然不能答應見面。也有那種文筆才情好的不得了，迷倒一堆女網友的男人，但當我們通電話後，他居然問我說：「你介意一夜情嗎？」真是夠渣了。

這天，網站裡出現了一個小我十一歲的男生，他常常跟我分享一些很溫馨、很感人的文章，跟他互動的過程裡，我總是能夠感受到一種很誠懇、很單純的氣息，因為那時候網路交友可以不放照片，所以我們都不知道彼此長什麼樣子。

一個月後我們終於見面了。他年紀比我小很多，個兒不高，身材胖胖的，說話還會阿阿阿，阿個不停，就是那種一遇見就直接被發好人卡的普通人。

但因為這次，我是先感受到一個人的好，才見到他的人，所以我告訴自己一定要試著繼續跟他做朋友。後來我發現，每次見面，我都覺得跟他相處起來很舒服、很輕鬆、很自在。我們一起去看了好多電影，然後談論彼此的觀後感想；我們還會去山上、去海邊、去好多地方；我們總有說不完的話、聊不完的天⋯⋯。

兩個月後。他突然跟我說他想結婚，要跟我拿身分證去登記，當時我嚇了一大跳，心想：「齁⋯⋯你膽子真大，我年紀大你這麼多，而且離婚又有小孩，這樣你也敢娶？好阿！你敢娶，我就敢嫁！」於是我又再一次成為人妻。

這種結婚態度是不是很隨便？但是我們結婚到現在已經十六年了，每天都還像談戀愛一樣，這十六年，是我生命裡最幸福、最快樂的時光；我常常很感謝老天爺，在我經歷了這麼多坎坷的感情之後，讓我遇見了他。

但是，這真的只是緣分嗎？我還是原來的那個我，「變化」到底是從哪兒開始的？仔細思索，我想我做的第一件事就是——丟掉社會的框架，擺脫條件的詛咒！

當然了，這個開始絕對要先感謝他，因為他沒有那種年齡一定要男大女小的傳統觀念，他也不在乎我是不是離婚、有沒有小孩；而我也不再以貌取人，就連學歷方面，我也是婚後幾年，有一次聊天的時候才不經意知道，原來他是高職畢業生。

然而，學歷高低對他完全沒感覺，因為他是一個很有自信的人。

在婚姻中，他不僅支持我完成碩士學業，甚至他還鼓勵我，如果有興趣的話，可以繼續攻讀博士學位阿！我非常欣賞他這種不被世俗標準所影響的自信，這真是「美好關係的基礎建設」阿！

再來就是，生活裡健康關係的必需配方，給予對方絕對的自由。我的老公即便每天都要忙於家裡的傳統事業，無法出國遊玩，但他認為我們是絕對獨立的個體，我若希望出國增廣見聞、開心遊玩，當然是一件天經地義的事情。

不僅是旅遊，他也很欣賞我不斷學習新事物的態度，不管是畫畫課、歌唱課、攝影課……晚上下課後，他總是很樂意在教室附近等我，接我回家。

一些表面的付出，像是花大錢送我東西、討我暫時歡心的事，他從來不做，但他會很仔細地觀察我真正的需要。比方說，他會陪我叛逆期的兒子徹夜長談，只為了想多瞭解他的內心世界；他更是常常陪我聊天，一起探索心裡底層、私密的問題。

例如，我發現，長久以來我會有一種交朋友的慣性，我總是特別喜歡跟溫和柔弱的人做朋友，甚至很喜歡當「俠女」去幫助他們；但是我只要一遇到那種態度霸氣，或者是很容易生氣暴躁的人，我就會躲得遠遠的。其實這樣的交友習性，到後來會發生很多失衡的狀況，對我自己並不好。

於是我老公就陪著我往過去的時光去追溯、去推敲，最後我們一起找到的答案令我十分認同；原來，幾十年來我之所以會那麼害怕強勢個性的人，其實與國中時期我曾被一位很兇、很可怕的中年女老師霸凌一整年的時間，心裡所產生的那一份陰霾有關。

學習路上我會比較害怕中年女老師，這點我自己一直都知道。但我卻是在與老公的「深度交談」後才發現，原來那份藏在內心的陰霾，竟也間接讓我比較害怕，甚至排斥個性強勢的朋友。當他協助我想個透澈以後，現在的我，只要再看到那種性格較為剛烈的朋友，我的內心就會多出幾分溫柔與接納，甚至是認同。至於對中年女老師的陰霾，可能因為自己早已步入中年，再加上多年來的學習與鍛鍊，如今也有了將陰霾轉化為祝福的通透。

還有一次，我在 FB 上注意到一個朋友，大家都覺得他實力很不好，但是他一直經營、一直經營，還是讓他出名了。那天我看了他的動態之後，居然產生了一種隱隱的憤怒感，當下的我覺得很奇怪，心裡自問：「為什麼我看到別人出名，心裡會覺得不舒服呢？我應該不會這樣阿？」於是我找老公聊天，我跟他說：「老公，我看了某某人的動態以後，有了這種暗黑的心情，我覺得這樣不太好……。」

我老公也覺得這件事情的確值得討論，於是我們兩個人就開始展開一趟心靈探索的旅程。就在這一直聊天、一直挖掘的過程裡，我終於明白，我認為這個朋友實力不夠，不應該大張旗鼓，這其實是一種忌妒的念頭。其實，人家有沒有實力，根本不是我應該去比較、去關注的，不是嗎？我應該看到的是，他在追求夢想的路上，具備了多大的勇氣、能量以及實踐的魄力阿！當清楚看見自己的內心後，我覺得很平靜也很喜樂，於是在這位朋友的貼文下方，我寫下了一份誠心的祝福，並按下了「讚」。

我必須要說，我和我老公這樣的互動，是以前和其他異性朋友從來都沒有過的經驗，我也是到了這段感情才體悟出——「親密關係的最高境界，就是深度的交流」。

兩個人在一起，不只要有身體的「親」，更要有心靈的「密」，這樣親、密才會完整。如果只有身體的接觸，而沒有心靈的交流，那將會是一種基礎很薄弱的兩性關係，而這種較為空洞的情感，也很容易被不斷的爭吵，或是外在的誘惑所擊潰！

當然了，我和老公溝通的方式和過程，一開始也不是這樣子。只因為在婚姻的道路上，我們一直給彼此身心靈的自由，慢慢地我們才會丟掉內心的包袱，全然地接受不完美的自己，進而在對方的面前，能夠很坦然、很放心地聊自己的恐懼、不安，甚至是黑暗的一面。

後來我發現，結婚愈久，我和他愈不容易發生爭執，談話內容也不再只是表層的聊天或噓寒問暖而已，我倆的關係已經變成——他「真真切切」地走進了我的心裡，而我也「安安穩穩」地住進了他的心中。

精美包裝，是傷害戀情的第一刀

許多人剛開始交往時，會因為相互吸引而在一起，然而也會因為彼此還不熟識，便把自己真實的個性隱藏起來，有時還會把心中反對的想法或意見吞進肚子，不告訴對方。結果等到兩個人的關係，脫離熱戀期的激情之後，開始面對生活或價值觀上的磨合，這時才發現分歧很多，覺得對方原形畢露。其實這些問題的叢生，都是因為交往初期過度包裝的結果。

我認為在找對象、發展一段感情之前，我們應該要先整理自己的心，讓自己變成一個更好的人，這樣才能無論與對方相處多長時間之後，我們都依然是那個對方剛認識的自己，沒有差別。

若對方的態度變化了，或是價值觀有扭曲之處，你也才有敏銳的觀察力，看得出問題所在，並判斷出下一步該怎麼走，因為你清楚知道，他並不好，不值得你為他留下。請檢視自己和另一伴，在戀愛過程中是否也有類似包裝的行為，應引以為戒。

前後不一，判若兩人

很多情侶，一開始互相吸引、甜甜蜜蜜的，但過一陣子後，其中一方就開始嫌棄、找麻煩，希望另一伴可以為他改變，以符合他心中更加完美的形象。

年輕時，我有位很漂亮的女性好友，在一次聚會中認識了一位風度翩翩的建築師，兩個人一見鍾情開始交往。前半年，我總是能聽到她分享各種甜蜜雀躍的心情或故事，身為好友，真替她找到了真命天子感到高興。但後來他倆的問題愈來愈多，男方覺得我朋友的英文不夠好，希望她認真進修，快速進步；後來又希望她去進行磨皮手術，把臉上的痘疤填平；接著又嫌她穿衣服過於性感，不准她穿這件上衣或那條裙子……等等。那時我的好朋友最常問她男友的問題就是：「你當初不就喜歡這樣的我嗎？為什麼現在又要嫌我？」男方並沒有改變，兩個人不斷地爭吵，後來的她常常以淚洗面，足足受苦掙扎了一年半，才脫離了這段痛苦的感情。

那時的我們都不懂，他們的情感根本就奠基於表面條件。男方是博士、建築師、教授，內心充滿了自信心與優越感，但他並不具備同等水準的內在涵養，完全不懂得尊重他人；而我的好友一心認定對方的條件非常好，並沒有警覺到自己正被別人無理地要求、嫌棄與糟蹋，這樣的男人根本不值得交往。

若我們選擇對象，是以外在條件去衡量別人價值的話，我們一定也正在被這樣的人秤斤論兩。由於外表、學歷、金錢、聲望……等等這些外在成就，常是人們評價他人優秀或成功與否的世俗指標，所以很容易導致兩性交往時，掉進了條件追逐與不滿的漩渦中，而遺忘了愛情的本質。

這樣的例子很多，前陣子我才在大陸天津衛視《愛情保衛戰》節目裡，看到一對論及婚嫁的男女，上節目尋求愛情老師們給予他們指導。女方大學畢業，事業心強，愛上了開餐館的男方，因為她覺得男方對自己很好，是個不折不扣的暖男。但交往到後來，女方開始覺得男方的餐廳應該可以做得更出色，最好能擴大、開連鎖，同時又認為男方沒有大學畢業，應該多讀一些經濟方面的書籍。但男方不愛閱讀，也覺得自己每天在餐館裡勤奮工作，就很滿足了。在這樣的矛盾拉扯下，兩人都覺得很愛對方，卻又感到痛苦……。

一位老師詢問女方：「為什麼當初喜歡男方的溫暖厚道，現在又要他變成不同的樣子呢？」

女方回答：「我是為他好，我覺得他可以多讀一點書，然後擴大餐廳規模，把事業做得更好，讓我倆有美好的未來。」

老師說：「你很強，你可以自己去努力阿！為什麼要強迫別人呢？」

女方回答：「我愛他，我認為他明明可以做得到阿！」

老師說：「那你可以離開他，自己打拼成功後，再找一個更強的男人阿！你不能又要這個男人像當初一樣地愛你、疼你，又要他聽你的指揮，變成一個事業心強的男人吧？」

節目裡的這位女主角，明明已經獲得了幸福，遇到了一個工作認真，懂得疼她、照顧她的男人，但她始終不滿意男方的學歷，又冀望對方的事業能滿足自己的渴望，好還要更好！永遠不知足！

上面兩個故事裡，都有一位優越感十足的主角，掉進了追求世俗成功的迴圈，滿腦子以為這麼做是為了對方好，為了兩人的未來好，事實上，這是極其自私的想法。這種人深怕對方配不上自己、丟失了顏面，最好還能推一把，督促對方為自己取得聲名或財富。在我們周圍總是不斷上演著類似的故事，被欲望控制的人們，在愛情舞台上蒙蔽了自己的雙眼，丟失了寶貴的真心與誠意。

攀比惡習，執迷不悟

達明和小芬這對情侶感情穩定、論及婚嫁，原來感情好好的，但面對婚禮準備，兩家人產生了巨大的爭執。男方家是單親媽媽，撫養兩個兒子長大，非常辛苦，希望能簡單辦婚禮，把錢省下來幫小倆口買房。但小芬堅絕不同意，她口口聲聲說：「我不管，人家都有很美的婚禮，我也要！」「我要別人羨慕我，羨慕我有這麼棒的婚禮！」即使達明的母親一再強調，如果買房的話，錢恐怕不夠再鋪張辦婚禮，但小芬依然任性地說：「我不管，你們一定可以！別人有，我也要！」

大部分女孩都希望有一個美麗又浪漫的婚禮，但如果經濟狀況不允許，就應該面對這個現實，畢竟婚禮只是一個形式，未來兩人能珍惜彼此、幸福過日子，才是最重要的。但是小芬卻被「比較的心魔」挾持而死要面子，狠狠地將心愛的另一伴，擺在她的顏面之後，更無視於老人家辛苦養兒，努力存錢為他們購屋的那一份愛。

在戀情或婚姻中，我們一定要看清楚自己或對方是不是這樣的「惡人」，如果發現有攀比的習性，一定要想辦法勸阻，即使是很富有的人也一樣，別讓浮華虛榮駕馭了情感，啃蝕了真愛的良善。

控制欲，自以為是

有潔癖的人，自己極愛乾淨當然沒問題，但如果強迫對方也要做到非比尋常的標準，那就是控制對方的自由意志，並把彼此的情感推往失敗的路上。

還有一種人，硬要幫另一伴決定食、衣、住、行、育、樂……等等大小事，對方如果樂在其中當然沒問題，但倘若對方覺得快要窒息了、出現反彈，他們還會大言不慚地說：「我都是為你好！」然後繼續一意孤行。這樣的人很多，我們一定要審視自己或對方，是否也有這樣的習性？要知道，這種自以為是的愛，根本沒有交流、沒有尊重，最後只會招致對方情感的反撲。

對感情缺乏安全感的人，也很容易具有控制欲。我曾經有個男友，他完全不管我們辦公室的習慣如何，規定我一定要連名帶姓稱呼異性同事，不可以只叫名；還有一種人，他不准女友化妝，若女友塗點口紅，他就質疑對方是想招蜂引蝶；也有那種每天數十通電話，時時刻刻盤查對方行蹤的人，非常恐怖；或者是，除非自己也一起出現，否則不准另一伴參加聚會，最好都不要有朋友了……等等不勝枚舉。

變成這樣純粹是對方的錯嗎？為什麼容許這樣的情感形成？當然，有控制欲的一方，大錯！但，被控制的人「寵壞」了對方，一樣也有錯。在對方控制欲出現的一開始，就要敏銳地察覺，千萬不能寵、不能慣、不能拖延，否則把對方的控制習性養大了，未來就要承擔不堪的後果。

發現對方的言行舉止出現異常後，大部分人的反應不是吵架就是忍受，但這兩種都屬於直覺舉動，並不是經過智慧思考後的處理。坦白說，我在第一段婚姻裡，就是順著本性，選擇一直忍受。那時候，我沒有對外求助，也不懂得找書來看，於是忍耐到最後我就爆發了！現在回想起來，當時若懂得一些溝通技巧，該有多好！

還記得在第一段婚姻裡，先生規定我只能去傳統市場買菜，但過往我都是在超市或大賣場採購，所以傳統市場對我而言很陌生，尤其當時懷孕，我完全不想去地上很潮濕的傳統市場。當時我覺得他的要求很無理，但因為他非常強勢，反對他根本沒用，反而會得到一場疲勞轟炸，於是我採取的變通方法是，先到超市買東西，再分裝到紅白塑膠袋裡，再將食物放置冰箱。我以為那麼做就能兩全其美，沒想到，他居然去垃圾桶翻找，將我藏在最下方的那些包裝盒撿起來，然後對著我沒完沒了地破口大罵，而我，只能以淚相對，默默在心裡把對他的恨，再加一分。他的控制行為非常多，我完全招架不住，最後只好選擇逃離，缺席了那段婚姻。

後來我接觸了一些心理學和溝通方面的書籍，才知道我也是那段失敗婚姻的推手，我的個性使我成為一個「受害者」，再三退讓並不是美德，而是為「不對等關係」助了一臂之力。

那些書裡常提到一種溝通方法，就是當兩個人發生衝突，或其中一方被不合理對待時，我們可以試著將心中的感受表達出來，先不要用「你怎麼可以這樣？」「你太過分了！」「你憑什麼？」……等等，以「你」開頭的指控性語言，而是發自內心去陳述感受，「你這麼說我覺得很傷心。」「你這麼大聲說話，我的心裡覺得好害怕！」「你這樣的決定，我感到無所適從，心裡很慌張」……等等，讓對方有機會換位思考，而不是在指控的語言下針鋒相對，或是沉默地允許對方繼續下去。

以前面菜市場的例子為例，我應該在一開始就試著說出心裡的感受：「我覺得現在大肚子去傳統菜市場，若遇到人很多，我可能會感到焦躁不安。」「我從小就沒有去傳統市場買菜的經驗，你可以先帶我去幾次嗎？」「傳統市場的地很潮濕，我有點擔心，萬一沒走穩的話怎麼辦？」……等等，試著把心裡的真實感受讓他知道，而不是認為他很強勢、不體貼、講也沒用，就把互動的可能性封鎖起來，或持續抱持著對傳統市場的偏見，採取表裡不一的應對方法。

當感受說出之後，創造了彼此交流的開始，也許我可能會聽到他說：「我覺得傳統市場的東西多樣又新鮮，還有……」「好，我帶你去幾次，認識一下傳統市場的攤位，再教你怎麼選擇！」或是「也對，你現在大肚子是該謹慎些，那生完孩子以後再去就好了。」

只要打開心房說出自己的感受，或換位思考一下：對方的想法，是否來自不同的成長環境？自己是否也有更加彈性的選擇？然後再延伸思考：這件事情，能不能找到兩個人都覺得不錯的方案？整個溝通過程，在理性和真誠的主導下，就會比較和諧、通暢，不往爭執的僵局發展。當然，並不是每個人都願意接受溝通與交流，當秀才遇到蠻橫的兵，或是有嚴重心理問題的人，我想，為了安全與幸福起見，就要考慮其他途徑了。

主宰命運，拒絕走入「戀愛週期」

相信大部分的人都會贊同「戀愛週期」，也就是學者專家所提出的，人們的戀情都會歷經一個相似的過程。以前的我，在每段戀情裡，只要一讀到「戀愛週期」的描述，心裡就會驚呼：「哇！真的好準喔！」總能找出當下正處於「戀愛週期」的哪一期。

但奇妙的是，最近有機會再看到「戀愛週期」，突然發現這並不符合我這段婚姻的歷程，它居然不準確了！我很好奇，我和我先生這份十六年的情感，為什麼沒有走上過去很熟悉的「戀愛週期」？

我認為要避開「戀愛週期」的慣性，讓戀情快速進入「共同創造期」，有三個最主要的關鍵：

❶ 絕不讓激情主導戀情

一定有很多人會說：「理智根本控制不了激情，真要來了，擋也擋不住阿！」

呵呵，我也是過來人，非常清楚激情的威力，但既然它是關鍵所在，我們就該面對問題，走直覺以外的路徑，才能避免以激情帶頭的情感發展。

許多實驗都證明了「男女腦大不同」，我們如果能對異性的思維與本能多一些瞭解，就能在兩性相處上少走冤枉路，避開更多的誤區。下面這個真實有趣的故事，貼切說明了男女腦的不同：美國第三十任總統柯立芝和他的夫人曾參觀一家大型養雞場，雞場裡的母雞數量遠遠多於公雞的數量，總統夫人好奇地詢問雞場主人：「公雞每天要和母雞交配幾次？」雞場主人答：「幾十次。」夫人聽後故意高聲說：「不要忘了把這件事轉告給總統。」不遠處的柯立芝總統聽見後立刻問：「公雞每次都和同一隻母雞交配嗎？」雞場主人說：「不同的母雞。」總統聽完高聲說：「請你把這件事轉告我夫人。」這就是著名的「柯立芝效應」(Coolidge effect)，是指動物的雄性（以及少數情況指雌性）對於新出現的異性有較高的交配意願，即使牠已與周遭舊有的異性有過交配經驗。

直白地說，以生物本能而言，男生多以下半身思考，在性愛發生前，什麼事都願做、什麼話都敢說，但發生後可就不一定了。女生呢，性愛發生前，可能還對戀情有所思慮，一旦發生後，就開始暈頭轉向了。意即，男女在「性」方面的感受與想法截然不同——女人因「性」更愛對方，男人在「性」之前，為了目標，什麼事都願意做。

長輩們總是勸誡女孩子，不要太早跟男孩子發生關係，否則對方會不珍惜妳，雖然男生很可能會說：「我一定會好好愛妳，珍惜妳的！」妳就真的相信賀爾蒙驅動下的嘴上說說嗎？所以，請務必正視這個問題，長輩們並沒有在開玩笑。

要知道眼前這個人，等同於一個陌生人，兩人貿然就進入熱戀關係，其實是有危險成分的。既然如此，女生就要在性愛發生之前，對於男生方面，該知道、該瞭解的，尤其是品德操守、善良與否，工作是否認真負責、交友狀況、家庭觀念……等等進行「沒有壓力的」側面瞭解。如何側面瞭解呢？比方說，電視正在播出新聞：有名長期失業的男子跑到超商偷麵包，被店員抓到報警處理……這個時候就是你隨口問他的好時機：「你對長期失業的人有什麼感覺？」也許他會直言同情或是罵聲活該，也許他會有更深入的見解。又或者，有一天你們在街上看見一對男女吵架，女人不斷尖叫，對男人破口大罵，男人忍無可忍賞了女人一巴掌……此時妳也可以趁這個機會自然地說一句：「這個女人的聲音好尖銳、好大聲喔！」也許他會反射地回應妳：「再怎麼樣，那個男人都不能動手！」或是「對阿！怪不得那個男人會動手！」類似的機會都是妳創造「話題」的好素材！在一連串非刻意的聊天裡，他會慢慢說出自己的各種想法，妳也才能進一步瞭解對方的個性，以及價值觀、道德觀、金錢觀或是國際觀。

因為大部分男生在戀愛初期，對深入瞭解女生並沒有太大的興趣，所以一定要靠女生矜持住自己，攬下這個瞭解彼此的重任，說不定在聊天過程中，男生因為聽到女生的一些想法後，才警覺彼此並不適合，若這個時候就喊停，對雙方都好！否則，就會像大部分戀人一樣，因為彼此吸引、一時衝動，糊里糊塗就開始熱戀，愛得死去活來，待激情散去，進入磨合期，再覺得根本不適合，最後「因誤會而結合，因瞭解而分開」。這樣的戀愛模式，不僅浪費寶貴的時間，更可能傷透了心，久久無法痊癒。

❷ 尊重對方為獨立的個體

我們常常看到教育方面的文章，勸導父母親要尊重孩子為一個獨立的個體，給予孩子思考與成長的空間，要懂得放手，也是放過自己。對我們的另一伴，又何嘗不是如此呢？但無論男女，在相處關係裡能做到這個修為的人，又有多少？如果對另一伴都做不到的話，對孩子當然更難。但「尊重」絕對是人際關係裡，第一重要、無比重要、至關重要的原則。兩個人裡面，只要有一個人不懂得尊重，總想著改變對方、控制對方，那這個關係就不會健康，更不可能走往「共同創造期」。

喜歡改變、控制別人的人，常常會說「我是對的」、「我是為他好」……這些話，總認為自己的想法才是最好、最優秀的，卻忽略了別人是一個獨立的個體，來自截然不同的家庭、教育、環境背景，必然會擁有自己的思想、觀念、言行舉止或生活習慣。如果一味地以包裹著糖衣的毒藥餵食對方、強迫對方吃下，那一定會傷害對方的心靈、寵壞自己的行為，並且侵蝕彼此的關係。

要做到「尊重」並不簡單，每個人的功課各不相同，以我為例，雖然我對先生、孩子的日常生活要做到「尊重」並不難，但只要一看到好朋友的待人接物很自私無情，我就難以守住自己的心與嘴，會秉持「友直、友諒、友多聞」的美德，加以苦心勸導。到後來才醒悟，如果我不是他的生命導師，他自己還不想做這個功課，那麼我說再多也沒用，只是浪費唇舌與心力，徒增傷悲罷了。所以「尊重」好朋友的處事選擇，是我的功課。

關於「尊重」，很感謝星雲法師曾經教導的法門，期盼我們一起遵循之、共勉之：

一個人最好的修養，是尊重。
「尊重」，這兩個字看似簡單、平凡，實則重於泰山。
它如讓人生存的空氣，是與人交往融洽的途徑。
懂得尊重的人，總是讓人舒適、溫暖，如聞淡淡幽蘭，如睹春日青山。
尊重朋友的隱私，不嘲笑、不散佈。
尊重親人的關愛，不厭煩、不逃避。

尊重孩子的思想，不強勢、不打擊。

尊重別人的勞動，即使是家人，也要表示感謝。

尊重別人的選擇，每個人都是獨立個體，我們無權干涉。

尊重別人的習慣，喜好不盡相同，才有個性、差異、特色。

尊重不同價值觀念，對錯涵蓋不了世界，不評論，多理解。

尊重別人，就是尊重自己。

不尊重別人的人，永遠也得不到尊重。

尊重不是客套，不是禮儀，更不是虛偽。

尊重是一種溫暖的距離，沒有傷害，只有感動。

尊重是一種平等，不俯瞰亦不仰望，不卑也不亢。

尊重是一種修養，知性而優雅，將人格魅力昇華、大愛無聲揮灑。

❸ 進一步成為靈魂伴侶

一對戀人能夠走到「共同創造期」，成為默契十足的人生伴侶，已是世間極為美好之事，若還能進一步成為彼此的「靈魂伴侶」，那可真是上天賜福的恩寵阿！我想，也只有身處其中的人，才能體會對方是自己的靈魂伴侶是什麼境界吧！

什麼是「靈魂伴侶」？它和「人生伴侶」有什麼不同呢？在此引用一段《天下雜誌》黃維德先生，編譯自作家 Peace Quarters 的一段文章：

靈魂伴侶是走入你人生、教會你寶貴教訓的人；他們用盡一切方式，鼓勵你、教導你並協助你成長。人生伴侶則是加入你人生旅程、和你一起學習成長的人；他們與你平起平坐，和你體驗相同的事物，長期而言，人生伴侶是你可以依賴的人。

從這段文字來看，一對戀人或夫妻同時是彼此「靈魂伴侶」的機率很低，是對方「人生伴侶」的機率較大，因為「靈魂伴侶」是一種教導、鼓勵與協助的角色，且任務達成後可能就會離開。而「人生伴侶」指的是，生命旅途上的兩個人，一起學習成長、相互依賴的關係。

這個部分，我仔細思量了好一會兒，雖然我先生比我小十一歲，但他的確是以「靈魂伴侶」的角色出現在我的生命中，給予我許多智慧的啟發，甚至是靈性的引導，而我都是「承接」和「學習」的狀態，並沒有給予對方什麼精神層次的提昇。呵呵，當然是因為靈性能力有限。

記得有次，一場會議結束後，我跟老公大吐苦水，因為有位女性朋友開會的時候，始終不願意傾聽別人發言、缺乏耐性又愛插嘴，搞得參與會議的人都很生氣，最後會議不歡而散。

聽完我的抱怨後，老公問我：「一定要比擬的話，妳覺得妳是哪一種動物？」

我說：「我像羚羊，跑得快但沒有攻擊性。」

老公又問我：「如果草原上都是羚羊，再也沒有老虎、鬣狗或其他攻擊性動物，如何？」

我回答：「當然不行阿！那動物的生態就亂了！」

然後，他講了一段影響我很深的話。

他說：「人不也一樣嗎？我們要尊重不同個性的存在，每個人都有自己的特性和功課，我們不需要生氣或無奈。」

聽完後，我豁然開朗：「對阿！我一直毫無質疑地認同各種動物的存在價值，怎麼無法接納人類之間的種種不同？我們總希望別人能調整這點、改變那點，恨不得所有人都能跟自己合拍、相處融洽，這不是既矛盾又貪心嗎？」

我真的很感謝我先生在生命裡的帶領，讓我有機會不斷地反思與成長。很慶幸，最近這兩年，我逐漸也能與先生對談一些身心靈的話題，這當然也要謝謝沒有偷懶的自己！

該如何確定他是我的靈魂伴侶？

我曾經從網路看到許多人提到有關「靈魂伴侶」的看法，於是我很認真地整理出幾個關於「靈魂伴侶」相處時的特徵：

❶ 兩人相處一拍即合。

❷ 不需擔心爭執或說真話。

❸在他身邊，總感到自在。
❹個性互補，興趣不同仍相處愉快。
❺能同理、深刻理解對方的想法。

我觀察我和我先生，發現第一點不太吻合，那就是當初我們剛認識時，其實我個人並沒有一拍即合的感覺，我只覺得他非常溫和、穩重，是個可以當朋友的對象。

我十分認同香港作家深雪在其著作《靈魂舞會》裡提到的觀點。她提出想要知道感情中的雙方是否互為對方的靈魂伴侶，有以下七個檢核方式：

❶對方能否令你成為一個更好、更優秀的人？
❷這段感情能不能令你們雙方發揮出最優質的內在潛能？
❸兩個人在一起後，能量會不會更強大？
❹兩人在一起後，能否為社會做出更大的貢獻？
❺對方是否像明鏡一般，能反映出你的優缺點？

❻ 這是不是一雙有意義的組合？

❼ 這段愛情的價值何在？

從這七點我們可以看出，深雪對「靈魂伴侶」的定義，還加入了社會責任、利他思想。深雪所談的，不再只是單純的兒女情長，她期許「靈魂伴侶」應善用加成加倍的能量，多為社會做出貢獻，以創造最大的意義與價值。這個部分，也是我與我先生一路走來的願景，未來亦會繼續朝著這個目標努力邁進。祝福正在看書的您，也能遇到此生珍愛的「靈魂伴侶」。

咩小寶：「哇！好感動喔！」

咩大寶：「感情真的需要很用心經營耶！不管是男生還是女生，都需要真心觀察對方的需要！」

咩小寶：「要留給彼此自由的空間，還要與另一伴誠懇地面對自己深層的念頭，接受不完美的自己。」

咩大寶：「雙方都需要好好地深度交流，兩人才會一同幸福成長！」

04

戀愛前要先學會的分手藝術

有些自媒體主持人會幫粉絲們整理分手警訊，提醒大家戀情出現了危機，要有分手的準備。我覺得這樣的影片，製作很用心、立意也非常好，但若能進行更具深度的梳理或開導，也許能夠幫助化解這些分手危機，協助兩人走往幸福的方向；又或者，真的分手了，也能在這次失敗的戀情裡，學得寶貴的經驗，增進未來兩性相處的智慧。

比方說其中有個分手警訊，若兩個人相處到後來，只剩下回憶是美好的，那麼就該分手了。也就是說，彼此之間愈來愈多的爭吵，快樂已不存在於現在的相處裡。當然，這樣的關係的確不健康、不快樂，但並不代表，所有處於此狀況下的兩人，就只能選擇分手。是不是也可以靜下心來好好想想：兩個人最常爭執的事情有哪些？我們最討厭彼此說什麼話？做什麼事？……等等，然後徵詢朋友或專家的意見，或者多看書尋找答案，也許就能產生截然不同的認知與發展。很多問題，並不是表面上看到的那麼單純，也可能不像表面上看到的那麼嚴重，這就好比身上的病痛，其痛點的根源，常常不是來自病痛的位置一樣，對自己的感情，唯有用心、靜心，仔細探究，才能找到問題真正的關鍵。

分手警訊，不一定是分手原因

之前聽過一個故事令我印象深刻，故事裡的男女主角，原本差一點就要離婚了，幸好最後他們尋求幫助，才挽救了婚姻。約翰與珍妮是一對新婚夫妻，一直以來，兩人的感情都挺好的，尤其是約翰很疼珍妮。

珍妮在生活上有個壞習慣，每次用完浴室，水就會噴濺得到處都是，衛浴物品也隨處亂放。一開始，約翰總在後面替她收拾，日子一久，約翰就跟珍妮說：「你把浴室弄得好亂，請整理一下！」但珍妮總是漫不經心地回答：「好啦！」然後老是慢吞吞的，或原地不動。有一天約翰終於忍不住了，大聲怒斥珍妮：「你現在立刻給我去整理！」約翰的態度讓珍妮非常憤怒：「你有必要對我這樣大吼大叫嗎?」兩個人愈吵愈烈，最後決定離婚。幸好，分手前他們決定給彼此一個機會，一起去做婚姻諮詢。

在心理諮商師步步探問後得知，約翰是家裡排行最小的孩子，上面還有好幾位兄姊，在成長過程中，他總是沒有發言的機會，即使發言了也總是被忽視。所以當他一再請珍妮整理浴室，卻總得不到珍妮正面的回應，內在潛意識裡那種被忽略、不被尊重的感覺憤然升起，情緒因而失控。

珍妮的部分也源於孩童時期的問題。珍妮小時候，父親對她管教很嚴格，每次玩具玩完，若沒有物歸原處，父親就會對她發怒；最令珍妮傷心的是，她小時候最心愛的洋娃娃，在父親盛怒下被扔進了垃圾桶。在珍妮的成長過程裡，她的內心會不自覺地排斥整齊這件事，同時也渴望她的另一伴，是一個能夠對自己的隨興有所縱容的人。這場諮商，最後成功挽救了約翰與珍妮的婚姻，也讓他們深深體會到，在情緒與爭執的表面之下，原來還有許多值得探究與關懷的部分。

會說這個故事，就是希望與大家互相勉勵，當我們與另一伴或是跟其他人相處時，若產生了無法處理的問題，不妨學習故事裡的約翰與珍妮，向外尋求幫助，並且深入地直面問題，去挖掘、去瞭解，也許，真正的答案或解決方法，就會浮出水面。當然也有一種情況是，對方以傷害他人為樂，犯下許多惡行，早已不值得我們留戀或挽回，對於這種恐怖情人，就請盡早分手吧！

分手的藝術與學問

分手是藝術，更是一門學問，它所造成的傷心、痛苦不在話下，若是碰到恐怖情人，那麼分手更將是惡夢的開始，相信這種案件大家都不陌生。

我曾遇過對方在分手後，跟我要回他送我的項鍊，也曾遇過對方在分手後，持續糾纏、不肯離開，現在回想起來，這些都是情感的遺憾。

雖然，我們無法決定會遇到什麼人，但卻能在交往前、交往中多加防範，才能讓傷害降到最低，從我的經歷裡，我覺得有幾個點是可以跟大家分享的：

❶ 超乎常人的禮貌，或是嘴特別甜的人，我們要避免交往，因為他們的真實面貌已被隱藏。

❷ 不要將感情付出太快、太多，而造成理智不清，判斷能力變差。

❸ 不要一味索取對方的時間與金錢（包括禮物），要知道，這些都是日後分手時的不甘願清單；反之亦然，自己所有的付出都要甘願，否則就不要有任何的犧牲。

❹ 一旦發現對方怪怪的，就要進行溝通，或是尋求解決方法，絕不能忍耐下去或坐視不管，以免問題日益嚴重。

❺ 如果發現對方可能是恐怖情人，第一時間務必告知父母親友，甚至報警處理，必要時先離職、搬到另一個城鎮。

戀愛的滋味只有自己的體驗最真實，同樣的，發生問題時，只有自己的機警，才能快速、確實地幫助自己，千萬不要當個善良、呆蠢的情人，讓自己置身於危險之中而不知。

Lesson 7

高分通關，愛情不打烊

賀世芳

01

正確態度，進入兩性關係

小咩老師：「開始之前我先問個問題，捫心自問，現在的你，對自己的各方面滿意嗎？」

咩小寶：「您說的『滿意』是指我們滿意自己的條件嗎？」

小咩老師：「不是。我想請你們回答的是，你們覺得自己在身體、心靈、人際關係、工作……各方面，都處於一個很舒適自在的情況嗎？」

咩大寶：「我不是……我覺得自己太胖了，我也不喜歡自己的長相；我的薪水也不夠高，這輩子想擁有自己的房子，恐怕是無望了。」

咩小寶：「我也覺得自己不漂亮，男生不會喜歡我這一型的。還有，我明明很真誠、很善良，對朋友都很好，但不知道為什麼偶爾還是會跟他們發生摩擦，然後心情就會變得很差……。」

咩大寶：「還有，我不喜歡現在的工作，但是我不敢離職……。」

咩小寶：「小咩老師，我們有這些問題，會影響我們選擇對象嗎？」

小咩老師：「當然囉！如果我們沒有把自己的身心靈先整理好，怎麼可能吸引到對的人呢？即使那個人已經出現了，我們也沒有足夠的智慧去看見，這樣非常可惜！還有一點很重要，把身心靈準備好，在婚姻裡可以帶領另一個人同步前行，相處起來不僅大大減少摩擦或衝突，感情也才經得起時間的考驗。」

咩小寶：「小咩老師，那我們該怎麼做，才能整理好自己，擁有智慧呢？」

咩大寶：「智慧這件事有點虛無飄渺，很難有一個確切的方向和做法耶！」

小咩老師：「不急，小咩老師把自己的親身經驗都整理出來了，可作為參考。當然，我的建議絕不是唯一的答案，只是盼望在未來的日子裡，你們常常能自發性地覺察自己，讓自己成為一個更好的人，這不只有益於找到好伴侶，對於未來的人生，更是有意想不到的幫助。」

我年輕的時候常聽人說：「人活著，就是要快樂阿！」那時候的我認為，這一句話的時效性很短，不過是為了鼓勵人們，勿陷於負面情緒太久，要趕緊振作起來才是！

的確，對當時的我而言，「快樂」是短暫且浮動的，它會突然出現，也可能隨時消失。有可能因為某個事件的發生，就讓我的心情跌入谷底；也可能因為與某個朋友產生了衝突，就覺得胸口好悶、好難受……年輕時候的快樂，說來就來，說走就走，總是那麼捉摸不定！

求學路上，可能因為叛逆、不用功，我從來沒遇過一位喜歡我、影響我深遠的恩師。再加上父母親對我採取的是放任的管教方式，所以一路上我都是憑著自己的直覺往前闖，不與人商量，也沒有人給予輔導或建議，我必須自己做選擇，自己承擔後果。當然，這樣的過程，少不了各式各樣的磕磕絆絆。

現在回想起來，雖然成長路上沒有諄諄教誨，也沒有什麼溫暖的提攜，面臨過數不清的困難，但，換個角度思考，這些不幸，倒也是一種幸福阿！因為那些數不清的大小創傷，都是專屬於我的，都是我生命裡最真實的積累、最貼近心靈的覺悟，是它們形塑出現在的我——這個可以幫助別人的我、可以常常與快樂相遇的我。

後來我發現，快樂不會從天而降，想讓快樂持續是有方法的，只要我們有計劃地將各方面提升、加強，並且將不好的部分去除、改善，其實不用多久時間，生活就會發生質變，最明顯的回饋是——生活裡的麻煩事兒快速減少，好事兒不斷發生！而且整個人的精氣神提振了許多！

這些年來，我變得自在快樂絕非偶然，以往的挫折教訓，並不是成長的關鍵因素，它們只是每個人的緣分與境遇，不一定能改變核心的自己。我相信最重要的推力是——想成為更好的自己！因為這個起心動念，我督促自己必須有一個全盤的計劃，然後面對它！實踐它！並且堅定地相信，這個計劃，也必定可以改變我艱辛的感情之路！

計劃一：先強大內心

還記得以前禱告的時候，常跟主說：主耶穌阿！請賜給我一顆善良的心、會時時幫助他人、懂得感恩。感謝主聆聽我的禱告，讓我從不迷失在良善的道路上。當然，人生的功課絕不止這些，祂希望我能自己找到答案！我的疑惑是——當一個人心地善良又願意常常幫助朋友，甚至陌生人，為什麼偶爾還是會出現人際關係上的困擾呢？

直到有一天，我讀了日本作家岸見一郎先生的大作《被討厭的勇氣：自我啟發之父「阿德勒」的教導》，裡面有好幾句話對我猶如當頭棒喝，立刻解開了我心中的謎團。節錄如下：

縱使被說壞話、被討厭，也沒什麼好在意的，

因為「對方如何看你」，那是對方的課題。

是阿！如果我們說出的話、做出的行動，既沒有害人，也沒有違法，那又何必去在意他人的眼光或是話語呢？別人要製造人生的負面業績，那是他與神之間的問題，我完全不需要將別人的功課，置入我的生命阿？

所有煩惱，都是人際關係的煩惱。

其實就連隱士，也很在意他人的眼光。

仔細想想一點也沒錯，當我們的人際關係一出狀況，總是會讓人心裡很不舒服。還記得求學階段，我和一位女同學感情很好，常常上課坐在一起，下課一起回家，無話不談。突然有一天開始，她對我很冷淡，甚至不跟我說話了，這讓我覺得很莫名其妙，心想，我不僅對她很好，而且還常常幫助她，我到底是哪裡做錯了？她為什麼要這樣對我？後來在課堂上只要一看到她，我的心情就很鬱悶，有時胃還會隱隱作痛。

就這樣過了兩個星期吧！有一天她突然又來找我，像不曾發生過任何事情一般，我雖然很困惑，但還是很開心兩人的情感恢復了——上課又坐在一起，下課又一起回家，無話不談，除了這件事。

畢業後的某次聚餐，她對我說，這一路上我幫她很多，我是她的貴人，是她很好、很重要的朋友。那天我終於問她了：「既然你覺得我是你的好朋友，那陣子為什麼突然對我那麼冷漠？讓我覺得很受傷……」不料，她竟一臉天真地回答我：「有嗎？我不記得有這件事耶！」我無言。

這件事情，我反省之後告訴自己——我活該！是我自己甘願讓別人的態度左右我的心情，怪不得別人。今後，只要我問心無愧，別人想用什麼態度對我，那是別人的自由，我的心，絕不會再受任何掌控與影響了！

人不應該被過去束縛，只有你能描繪自己的未來。

過往的原因就算能作為「解釋」，也無法成為「解決之道」。

阿德勒老師的這段話，真是太給力了！他的主張，截然不同於當代其他心理學家的看法——童年時期，於原生家庭或學校發生的不幸遭遇，很容易在心理或生理上造成不同程度的陰影，進而阻撓未來人生的發展，甚至成為一個不利於社會的人。阿德勒老師不贊成這個看法，他認為，身為人類，我們絕對有擺脫束縛的能力，不讓過去的陰霾主宰我們，只要我們有勇氣，一念之間就可以改變！

這讓我想起了一個真實案例，有一對生長在窮困家庭的雙胞胎兄弟，父親常常酗酒，對他們施以暴力。這對擁有類似基因的兄弟，在同樣的家庭環境裡成長，沒想到長大成人後，一個非常優秀成功，另一個卻是潦倒不堪。於是有人分別問他們同一問題：「是什麼讓你成為現在的你？」這對兄弟都是這麼回答的：「因為我有這樣的父親。」是的，「逆境」已是無法改變的客觀事實，但我們要怎麼看待「逆境」的態度與做法，卻是我們可以選擇的。而「選擇」，才是決定人生的關鍵。

因為，心態健全的人，不會試圖改變對方，而是改變自己。

成長過程裡，我也有一個傷痛的陰霾，很長一段時間不願意去面對它，只是默默地藏在心裡，然後把不符合年少夢想的生涯規劃，全怪在它的頭上。但命運的安排，讓我對這個「逆境」有了不同的心態，很謝謝自己並沒有深陷在陰霾裡太久，是個願意改變的人。故事就從我為什麼是一個配音員說起吧！

大部分的配音員入行前，對配音會有一定程度的憧憬或夢想，有的人從小就喜歡守著廣播，聽相聲段子；有些人愛看卡通，從小就會模仿不同角色的聲音，幻想著長大也能成為一名配音員；還有些人是從小聲音就很好聽，在同伴的讚美和鼓勵下，覺得自己應該往配音之路走去……我，都不是。從小我期許自己能上第一志願的高中和大學，出社會後在 IBM 那種大企業裡，努力爬升到高層的位置！這就是我小時候的願望，但現實與夢想實在差太遠了……。

國一下學期，有個男同學很喜歡我，他每天接我上學、送我回家，因為他的父母也是學校老師，知道了以後很擔心他的功課會退步，於是請我的導師介入處理……之後那個男生就沒再出現了，而我，升上二年級時，被送進了一個很可怕的中年女老師所帶的班級。

那時候的社會還很保守，升學班的學生，異性之間是不該接觸的；男生要剪平頭，女生要短髮齊耳，不能有瀏海。由於國一導師的通報，在先入為主的偏見下，國二整整一年，我都被這位導師毫不留情地身心傷害。

她常在班上大罵我：「你這個賤女孩！只會交男朋友！」「你們不要跟她學壞了！」「大家不要理她！」「游泳時髮夾掉了？騙人，你是想披頭散髮勾引男生吧！」或者捏我的臉、抓我的頭髮胡亂搖晃、打手心、賞巴掌、叫我去走廊罰站……等等。

那一年，同學們常用憐憫的眼光看著我，但他們都不敢跟我說話、做朋友；即使母親到學校送禮給老師，老師也無動於衷，不改變對我的態度。在一整年的身心煎熬下，我每天都含著眼淚上課，功課一落千丈。因為退步太多，我的成績已配不上好班，就被那位女老師轉到「壞班」，也就是俗稱的放牛班。雖然心裡很難過，但仍然慶幸著，這樣也好，唯有脫離好班，才能逃離她的魔掌。

國三進入放牛班後，我開始肆無忌憚地玩樂，翹課、打架與記過成了家常便飯，混到最後我連高中和五專都沒去考，因為也考不上。最後是陽明山上的華岡藝校收留了我，這是一個校風開明的學校，從此，我的生活不再有讀書壓力、更沒有瘋狂老師的咆哮。當時，華岡藝校的師長們都很尊重我們，他們心中不帶偏見，也不會說出刻薄的話語，更不會看輕不愛讀書的我們。

國三、高一和高二，整整三年的時間我都在混日子，白天常翹課，晚上常去夜店狂歡，日子過得輕鬆又自在！但不知道為什麼，有時候心裡仍會覺得空空的、痛痛的……似乎是在惶恐，未來的自己應該怎麼辦？但因為心早已玩野了，也就放任自己繼續下去。

直到有一天，我的好同學看不下去了，他嚴厲地對我說：「賀世芳，你不能再這樣混下去了，你要知道，我們讀華岡藝校的學生，如果就這樣畢業，只會是個私立高職畢業生，但如果你趁現在好好努力，不但可以爭取到保送考試的資格，說不定還被你考上了，將來你就可以成為一名大學生！從明天開始，我每天早上來叫你起床，幫你準備好早餐，你要開始努力了，知道嗎？」我的好同學，范揚坤，他是我生命中的貴人，我一生都感激他。

高三那年，我在范揚坤的激勵、陪伴與帶領下，收起了玩心，每天瘋K學科、勤練笛子，就像換個人似地火力全開，終於把落後的學、術科補上，最後竟以班上第一名的成績，保送文化大學音樂系國樂組。

在大學裡，我兼修新聞輔系，加強公共關係課程，志願擔任學會幹部，代表系上參加歌唱、演講、儀表青年選拔……等等大大小小的比賽，得到許多寶貴的成長經驗。

一連串命運的安排，不知不覺中已把我小時候的夢想工作——在大企業裡打拼，推往另一個方向了。入社會後，我的第一份工作，是在中央廣播電台擔任新聞播音員。第二份工作，是在政治大學擔任助教，同時也是「政大之聲實習廣播電台」台長。

畢業四年後，在轉換第三份工作之際，有一天我去夜店玩，一位高大的帥哥跟我搭訕，聊天之餘，他覺得我的聲音挺好，建議我試試看配音這個工作，因為那段時間正好有空，我就被他介紹去錄音室學習。

後來才知道，這位介紹我入行的帥哥，是當時的配音皇后李娟老師的弟弟Jesse Chang，而錄音室老闆，正是大名鼎鼎的配音前輩沈光嘉老師，以及後來不怕麻煩、辛苦帶著我配音，不斷安排配音工作給我的沈光平恩師，他們都是我生命中的貴人，這份感恩之情難以言表。

想想，這樣的機緣多美妙阿？配音，明明不是我從小的興趣、不是我年少的夢想，也從不在我的職涯清單中，但這些貴人，卻把它像禮物般地賜予給我，改變了我的生命藍圖，至今想起，仍覺得神奇！

進配音界十多年後，為了一圓少年時期的讀書夢，我考進台北藝術大學戲劇研究所，畢業後，參與許多影像和舞台劇的演出，並斜槓在配音員／演員／講師三種身分的平衡裡，為我的生命帶來各種學習與挑戰。現在的我，正處於此生最平靜、喜悅與滿足的時刻。

突然間我倒吸了一口氣……熊熊想起，若現在真的實現了小時候的那個夢想，每天在大企業裡努力打拼、升遷、爭取出人頭地的機會，那樣的生活，不一定適合我阿！

那把我從那班升學列車，硬生生攔截下來的人，不就是國二那個可怕的巫婆嗎？也就是說，生命中的惡魔，也有可能是天使的化身？而看似走偏的岔路，卻是一場遲來夢想的序幕？

還記得前面提到的雙胞胎兄弟嗎？我雖然覺得阿德勒老師的話很給力，但畢竟不是每個人天生都有強大的能量，將阻力化為助力；在沒有人輔導的情況下，生命中過去的陰霾，的確有可能會影響一個人日後的發展。以我國二發生的事件為例，我的功課一落千丈，無法順利升學，這還只是外顯的問題而已；其實在心裡面，我一直處於「恐懼中年女老師」的狀態，若再加上女老師的個性強勢，我的心裡就會進而逃避，除了不敢跟她眼神對視之外，也不敢跟她多說一句話。

如果當初我就能讀到阿德勒老師的書，或有心理諮商人員介入輔導，我應該會更早看見「陰霾」對我造成的心理傷害，而被進一步疏導。無論如何，我仍要再一次謝謝自己，願意面對「陰霾」，做出改變，並看見它在我生命裡帶來的火花與價值。

前陣子在APP聽書的時候，被一個大陸的真實案例震撼：有一個品學兼優的孩子，向來是父母師長眼裡的模範生，有一回他突然心血來潮，和一名在班上向來愛調皮搗蛋的男同學一起惡作劇。後來，他倆同時被叫到校長室，被校長訓斥了一頓。離開校長室後，那個調皮的男孩，因為常常被罵，所以沒什麼感覺，繼續活蹦亂跳的；但那個優秀的男孩，卻跳樓自殺了。這個令人悲痛的事件，引發大陸當局對教育的積極反思——家庭和學校教育敦促孩子方方面面都要追求完美的同時，是否忽略或遺失了身為一個人更重要的東西？

成人不也一樣嗎？一再追求完美的過程，換來的心理狀態常常是感到壓力、緊繃、輸不起、忌妒、驕傲、得意、沮喪……等等；總想有比別人出色的表現，換來的生活型態常常是像小老鼠跑滾輪般，目光只有前方，無法停不下腳步，好好地休息與思考。

當然了，希望自己在各方面負責認真是好的，但是當出現失誤或不盡完美之處，就要有勇氣「面對」這個不完美、「接納」這個不完美，甚至「歡迎」這個不完美。要疼愛自己、善待自己，跟自己說：「我盡力了！下次再努力！」相反的，若一遇到不如預期的表現，就開始挑剔自己、心情沮喪、感到羞愧、懊悔不已的話，那麼這份壓力，一定會慢慢吞噬掉原有「自在」與「舒適」的能量，成為一個無法與自己或他人好好相處，並在生活中產生許多困擾的人。

計劃一的主要目標是，先強大我們的心，懂得珍愛自己，讓我們帶著勇氣往前行，不被他人的態度左右自己的心境，無懼內心的陰影，過好當下的每一刻。並且，不要習慣挑剔自我，不要妄想成為完美的人，要喜歡上不完美的自己。

計劃二：爬四個階梯

親近我的朋友都知道，我是一個道德標準很高的人，與他人相處時都嚴守分際。但即使這樣的我，久久還是會上演一次人際關係的衝突。每次只要一發生和朋友的摩擦，我的心情就會大壞，然後再被動地等待事情被解決的一天。

以前我會疑惑，人際關係的衝突或紛爭，怎麼會如此地撲朔迷離讓人無法掌握？為什麼它常常說來就來，使人猝不及防？到底有沒有一個可以遵循的方法，讓我們在與他人相處時可以依據、可以照著做？我想，如果熟讀四書五經的人，也許能得到來自古聖先賢的教導，但是一般人該怎麼做呢？

後來我找到答案了！我發現，人際關係的大部分衝突，起源於「比較心」！雖然「與人比較」的心理是人類的天性，但只要我們從今天開始，有意識地觀察自己的想法和說出來的話語，就可以理智地避免被「比較心」誘發，而說出或做出不正常的事情來。

我在大學一年級的時候，就曾因為比較心作祟，做過一個錯誤的決定。那時的電腦課期中考，老師開放讓我們「Open Book」，可以查書寫答案，但不可以交頭接耳。考試前我非常認真地準備，因為我希望考試當下，能夠快速反應出答案在哪裡，也好抄得順利，取得高分。考試前，有位女同學坐在我身邊，她知道我有準備後，跟我商量要我幫她，告訴她答案在哪一頁。當時我沒想那麼多，只怕拒絕了她會失望，怕她不喜歡我，於是就答應了。沒想到考試過程中幫她的瞬間被老師逮個正著，老師查清楚後，算她零分，算我三十分。考後，這位女同學立刻跟我絕交，整整三年多的時間，不願再跟我說一句話。當時我很難過，覺得——「她怎麼可以這樣對我，是因為合作失敗？還是因為我多了三十分？有必要到絕交嗎？」這件事讓我在大學時一直感到委屈、受傷。

但現在的我不再耿耿於懷，因為我已經瞭解，她怎麼對我，是她的課題，我不需要承擔她的部分；而我做錯了什麼，才是我的課題。這個部分我應該要自省，我為了讓她覺得我很厲害，所以自信滿滿地答應她；我希望她喜歡我，所以選擇了錯誤的決定。就是因為「比較心」在我心裡作崇，我讓它凌駕在理性之前。熱心助人是好事，但如果那份心意，是因為擔心破壞關係而不敢拒絕，期望自己在他人心中很優秀，甚至超越了理智的界線……那就是愚蠢而不自知了。

大部分的人都不是壞人，我們也都自認是善良的人，但千真萬確的是，我們極有可能看不到自己的另一個面向。當我們被「比較心」纏上時，臉上的表情會變得憂慮、陰暗或扭曲，說出來的話語很可能傷人又害己。如果我們不加以認清和改進的話，「比較心」只會愈發嚴重，最後讓我們變成另一種人——那種連自己都討厭的人。

從小不是常聽師長說，我們要做一個有內涵的人嗎？但「內涵」到底是什麼？是書讀得很多嗎？當然不是！看看有多少教授、醫生行走在作惡的路上，書都讀到哪了？那麼「內涵」是見多識廣嗎？當然也不是！看到那些口若懸河、說話不負責任、呈現出什麼都懂的名嘴和政客，他們會讓人感到是有內涵的人嗎？不會！因為內涵是指內在的修養、德行，並非外顯的樣貌與條件。而內在的修養、德行到底該如何提升，有可供遵循的指示嗎？

自從接觸阿德勒老師的學說後，我發現「比較心」會讓我們產生自卑或自大的心理，進而呈現抑鬱、沮喪、無力感、忌妒、恐懼、輕視、驕傲、目中無人、刻薄……等等負面的態度或情緒，繼而影響我們的言行舉止與人際關係。在這裡要強調的是，出現「比較心」是正常的，但我們要運用它激勵自己，讓自己變得比以前更好、更強，而不是任它擺佈，在心裡產生不平、嫉妒或仇恨，對別人說出不該說出的話。因此，這裡提到的「去除比較心」，指的都是和別人比較後，產生一種負面情緒，進而說出過失的語言或做出不當的行為。

與自己獨處或與他人相處時，一定要做到——有意識地覺察，心裡是否有「比較心」？有的話，是正常的。先接納這個觀察，再溫柔地將「比較心」送離。

接下來是第二階，應做到「七不二要」！這個階段，是一種內在德行的修為，若都能做到，內涵已提升許多；若第一步——「去除比較心」能成為習慣，想要做到「七不二要」就不難，因為這兩步驟息息相關；倘若總是放任「比較心」隨意亂竄的話，那就會連帶使第二階做起來很卡、很失敗。

我們先來看什麼是「七不」（括號內的字是為了方便記憶）：

想必大家對八卦、批評、抱怨、消極、藉口、誇張和武斷這七種具負面態度的說話習慣，一點也不陌生吧？包括我們自己，

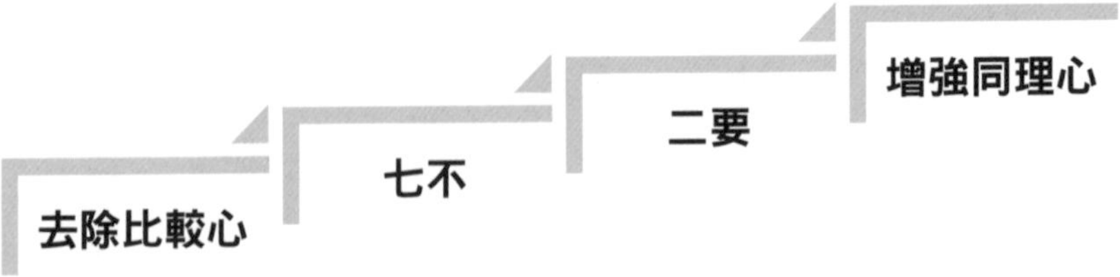

或是周遭的親朋好友，可能時不時就會出現這些說話方式，而且我們都習以為常了。但我們並不知道，就是這些壞習慣，讓我們說出的話、做出的事，直接或間接地影響了我們的人際關係。幾年前我有幸看到英國聲音大師 Julian Treasure 在 TED 的一場演講影片《How to speak so that people want to listen ?》（怎麼說才動聽？）他在演講中提到了我們在說話時常常會犯的七種過失，也就是上圖中的「七種負面說話習慣」。

看完演講後我不斷思考，如果一個平常就習慣負面思考的人，他會說出這些負面的話一點也不奇怪，但為什麼一個樂觀善良的人，也會出現這些過失呢？難道我們刻意不去說這些話，就能減少衝突，增進人際關係嗎？到底說出這些話的心理根源是什麼？如果能從根源改善，不就能更自然地談吐，而非辛苦地刻意避免？

由於之前阿德勒老師的教誨，讓我終於想通了這件事，這些負面的話語都與我們內在深處的「比較心」有關係；因為「與他人比較」是人類的天性，所以即使是樂觀善良的人，也難逃上述的說話過失。「比較」之後容易產生自卑或優越感，這時很容易說錯話，所以一定要刻意下功夫、超越這些情緒，才能激勵自己變得更好，而不是將自己捲入負面的思想裡，說出損人不利己的話。

有時候明明一句話，原本是不應該說出來的，或者可以用更客觀、中性、委婉一點的方式表達，但因為多了一層比較心理，就很有可能走了樣。想要改進這七種說話的過失，最好的辦法，就是從自己說話時的「內在動機」觀察起了。

不良習慣所產生的說話內容及其內在動機

不良習慣	說話內容	內在動機
八卦	⊙我那天看見小美和大華一起吃飯，他們之間一定有問題。 ⊙她是什麼大學畢業的阿？	⊙想當個消息比別人靈通的人，同時想破壞別人的名聲。 ⊙很可能出於比高低或貼標籤的心態。
批評	⊙你的想法漏洞百出、非常糟糕！ ⊙她長那樣哪會漂亮阿？	⊙直接就想把別人比下去！ ⊙比較心作祟。
抱怨	⊙為什麼是我做這麼多？ ⊙為什麼是我要等這麼久？ ⊙他憑什麼拿到這個獎金？	⊙全都是跟別人比較，並且希望引起關注。（如果訴求改善，應使用理性的語言或方法。）
消極	⊙我知道我很沒用…… ⊙唉！我一定會失敗…… ⊙事情只要交到我手裡，都不會有好下場……	⊙心裡總是跟別人比較，大大打擊了自信心。（常說這樣的話，容易讓人聽了很無奈！）
藉口	⊙我會遲到都是路上塞車害的！ ⊙我寫不對，是因為他沒說清楚！ ⊙我想做，但沒時間！	⊙怕被看輕，總是不願意承認錯誤。 ⊙怕自己表現不佳，先找藉口再說。 ⊙雖然沒做，你還是要覺得我很好！
誇張	⊙我這次的表現連我自己都迷戀了！ ⊙他胖到連豬都嫌棄他！ ⊙我最清楚他的為人了！	⊙吹捧自己。 ⊙高看自己，污辱別人。 ⊙想要領先，也想中傷別人。
武斷	⊙這件事情我知道！（沒有把握就這麼說） ⊙你是一個大家都討厭的人！ ⊙我不可能錯的！	⊙想當意見領袖。 ⊙貼人標籤，打壓別人。 ⊙覺得自己優於別人。

從檢視說話時的心理根源著手，能夠讓自己更深入瞭解自己。並且，當我們深入覺察自己內在動機的同時，也正是我們「同理」他人的開始；讓我們能以自身的體悟出發，理解人類共同的天性。

為了提醒自己別犯下這七種負面習慣，我特地編了一個口訣方便記憶——「八匹馬報銷了，姊姊還誇讚我」，快學我把它背起來吧！

❶不八卦（八）

❷不批評（匹）

❸不抱怨（報）

❹不消極（銷）

❺不藉口（姊）

❻不誇張（誇）

❼不武斷（我）

一開始要很有意識地審視自己的思緒及說出來的話，並不是很簡單的事，有時管住嘴巴了，但心裡仍有負面的想法，先別著急，這些過程我也都經歷過，記得，能先「管好嘴」是最重要的，漸漸地就會心口合一了。

第三階是「三要」。同樣的，若前面兩階我們已經爬上來了，要爬上第三階就不費力了，因為品德體質已經轉好，對自己與他人說出的話語，具備了更敏銳的洞察力。

但如果還沒實踐「七不」的人，可能看到這裡就會先問：「如果七種負面語言都不要說，那我們還能說什麼阿？」呵呵，會這麼問很正常，因為平常真的有太多是我們沒必要講出來的話，好比說：「你是什麼星座阿？」問對方這句前，我們可否先問問自己，以前是不是常常以星座幫別人的個性貼標籤，那樣公平嗎？除非你真的找不到話題，純粹為了找話題，那麼，請確定自己絕不會為對方的個性評分，也不會碎嘴地跟其他人說：「某某某是什麼星座，所以他會這麼做！某某某她這個星座會這樣很正常阿……」如果不管好自己的心與嘴，一句簡單的問句，就很容易犯下八卦的失誤。不過慶幸的是，對內在動機的「自我覺察」一旦活化，想做到「去除比較心」或「七不」就不那麼難了。

現在來看「二要」的部分。前面不是問，七不之外，還能說什麼嗎？要把關我們的說話內容，應具備二要，也就是「誠實」與「愛」。

我們先來辨認一下，什麼是誠實的話？我有一個很直率的朋友，有一天她對我說：「我覺得某人的女兒長得很醜。」我馬上回她：「嘿！你這麼說不好喔！」

我們從她這句話來研究一下，那個女孩以世俗的審美觀來看，並不是一個漂亮女孩沒錯，但如果我們在說出這句話之前，警覺地看到我們出現了美醜的「比較心」，就不會做出對別人相貌的評論了。

我們再來看「你不覺得某人的女兒長得很醜」這句話，它雖然誠實，但有愛在裡面嗎？完全沒有。如果我們以為說出的話是誠實的，就可以直率坦白地脫口而出，那麼人際關係怎麼可能不出問題？因為聽到話的那個人，會怎麼看你的心地？若有心的人把話傳出去，最後讓那個女孩的媽媽聽到了，會有多傷心阿？這就是一句只有誠實卻沒有愛的語言。

當然也有人因為不想破壞關係，而拒絕說出誠實的話。明華和小娟是一對感情很好的朋友，明華較小娟年長懂事，小娟的生活態度較自私隨興。一直以來，明華常常介紹工作給小娟，誠摯地傾聽小娟生活上的各種苦惱，並給予建言。十年過去了，兩人因為一件事情產生了摩擦，小娟很憤怒地對明華說：「這十年來因為你是我的貴人，常常幫助我，我才沒跟你說實話！事實上，你教我別自私、教我要有禮貌、教我要注意儀態……這些我都不想聽、也不想改，我之所以沒說出來，是因為你常幫助我。」明華感到很傷心，因為十年來，她對小娟花費了大量的時間與耐心，換來的卻是一顆虛假的心，不願誠實地交流。故事中的小娟，就是以私利出發，忽略了誠實的重要性。

那麼要如何以愛說出誠實的話呢？以前的我也做得不夠好。我是個很有正義感的人，只要公車司機常緊急煞車，讓老人家險些跌倒，我就會記下車牌號碼和時間、路線，馬上打 1999 熱線，希望司機先生愈快改進愈好；走在路上，一看見有人亂丟垃圾，我也會上前直言請對方撿起來……等等。現在的我個性依舊，但表達的方式卻委婉了許多，就以電影院有人製造光害的事情舉例吧！以前在電影院裡，我若是看到有人製造光害，就會直接說出：「這位先生，可以不要看手機嗎？」通常對方會不太開心地收起手機，然後我自己會處在一種尷尬的氛圍裡，繼續看著電影。但是現在我會說：「這位先生真不好意思，你可能不知道，這樣會有點刺眼……」通常我只講到這句，對方就會搶著說：「阿！不好意思，不好意思！」然後客氣地把手機收起來，此時我還會補一句：「謝謝你阿！」換成這樣的表達後，溝通氛圍變得很舒服。

當然，我並不是刻意想出另一套說法的，而是現在的我，說話的內在質地已經改變，心中不再比較高低強弱，並且在誠實表達想法的同時，還會帶著一種愛的意念，不僅尊重他人，同時也保護了自己。

接著我們來到第四階，同理心。

先認識一下什麼是同理心。有人稱它為同感心，是一種能夠站在對方的立場或處境，去感受對方的情感或經歷，然後做出換位思考的一種能力，也是我們常講的「將心比心」或「感同身受」。但要完全理解對方的感受，並不是一件容易的事，尤其是面對遭逢巨變的人。例如，當我們對著燒燙傷的朋友說出「我能理解你的傷痛」、「我能感同身受你所經歷的痛苦」……其實，很難！因為我們再怎麼費心地同感對方的創傷與艱難，都不是他本人確切的真實體驗。

正因為不易做到，也因為「自私」是人類的天性，所以「同理心」很難時刻存在於人們心中；而缺乏同理心，正是人與人、不同種族及國家之間產生紛爭、衝突與戰爭的根源。

所以，我們更需要刻意地、敏銳地去尋找它、喚醒它！

雖然我們做不到如釋迦牟尼佛、華陀、德雷莎修女……等聖人的「非凡同理心」，但身為平凡人的我們，仍應從小處做起，多一點反省自身，多一點為他人著想。

還記得幾年前去一家小吃店吃中飯，裡面人很多，桌與桌的距離很近，不留神就有可能撞到別人的後背。那天跟我共桌的是一個陌生女孩，她的後方緊貼著牆壁，也很侷促。但她一看到我坐下來，就把桌子往自己的方向拉不只一次，我見她後面根本就沒有多餘的空間了，但她寧願更擠，只為了多挪一點位置給我。這個舉動，讓我感動得不得了，因為很少人願意為陌生人如此設想阿！

有一次我受邀到偏鄉國中教導聲音相關的課程，那天的孩子們都非常認真，唯獨有一個始終無法專注的男孩，他總是不停地蠕動身體、摸別人、製造噪音、觸碰周圍的東西。我本想就這樣忍到下課，但心裡有個聲音告訴我：「不要冷漠，想想辦法！」於是我靠近他，蹲下來輕輕地跟他說：「辛苦了，硬要你專心下來，對你來說一定不容易，那你幫老師試試看，把眼睛閉起來只用耳朵聽好嗎？因為你也許跟老師一樣是個『聽覺型』的孩子，呵呵。」沒想到話說完，他真的用手遮住自己的眼睛，然後把頭低下，開始專心聽課……就這樣靜了下來！那天我真的很感謝自己，沒有選擇做一個冷漠的人。多一點溫度，多一點同理，真的是人與人之間最美的風景阿！

那當我們獨處時要如何具備同理心？我認為，若在不被別人看見的時候，仍能守住一顆為他人著想的心，不時地反省心中的意念，那將是走在更高度同理心的路上。以我自己為例，我從前面的「去除比較心」、「七不」、「二要」一路走來，漸漸感受到心靈比以前自在、平靜，不僅「同理心」增強了，內心的反省機制也比以前活絡了許多。我想，那是因為內心淨化了，「同理心」就有空間被安放進來了。

獨處時，就變成一個表裡不一、人心不潔的例子比比皆是。就拿台灣女生上廁所的壞習慣來看，有許多人（當然也包括穿著得體大方的漂亮女孩）上廁所時怕坐墊會髒了自己，她不敢坐，也不願意用手將坐墊掀起，於是就直接採半蹲的姿勢上小號，然後把自己的尿液殘留在坐墊上，絲毫不替下一個使用者著想。這就是在沒人看見的情況下，「同理心」蕩然無存的例子。試問，會這樣上廁所的人，在生活裡、在工作中，又怎麼可能真心地同理別人？

從另一個角度來看，若是能夠「不欺暗室」，在沒有人看見的地方，也不做見不得人的事，也能夠處處為人著想，那就是我前面提到的——正走在更高度同理心的路上。

那麼心中的意念要如何反省呢？這只能靠自己不斷地練習，才能變成一種反射的、即時的習慣。唯有即時，才能抓住自己不經意的念頭，看見自己不同於平常的思緒，以及尚待改進之處。我在這裡分享幾個關於意念即時自省的經驗：

有一回我去百貨公司美食廣場用餐，突然看見前方有個好漂亮的女人迎面走來，正在欣賞之餘，發現她推著美食廣場的工作車，當時我內心的想法是：「好可惜喔，這麼年輕漂亮，卻是個收碗盤的服務員……」就在心裡這個聲音出現的幾乎同時，我先是嚇了一跳，馬上又出現了另一個聲音：「嘿！你怎麼會有這種工作的分別心？你又怎麼會認為年輕漂亮就該有不同的選擇呢？」這樣的即時反思下，讓我清楚看見了自己的內在深處仍有「比較心」，還需要再努力！

另一個例子是，有一天下午我走在路上，突然有輛車子從後面駛來，駕駛不但按了一聲很急促的喇叭，而且差一點就撞到我。當時我被喇叭驚嚇到非常生氣，心裡正要嘀咕就發現，阿！是因為對向有車子駛來，兩輛車在小巷裡會車，怪不得他要按喇叭，因為怕撞到我！然後我進一步觀察身邊環境，我的右手邊，整排望去都是行道樹，這使我的視野忽略了大樹旁還有很寬敞的行人專用道！原來，是我自己走在行人不該走的區域，那輛車根本沒有錯，錯的是我阿！

再舉一個我和別人聊天時的例子。我有一位友人，他在自己的專業非常優秀，每次談話只要一提到同行裡其他傑出者，他就會立刻批評對方的專業性、個性上的缺點；或是最近發生什麼事情，令他很不順眼……等等。我曾直言告訴他，這樣老說別人壞話很不好，但他始終沒變。我內在的意念提醒，耳朵需要清靜單純的語言，不要被他的言語利用，而影響對別人的客觀判斷。最後，我決定疏遠這位朋友。

以上都是跟內在意識工作的過程。我們要養成習慣，不斷地質疑自己或與你說話的人，是否具有僵化的思想，被框架所限？是否任由狹隘偏執的想法叢生？我們不能助長這些雜質在腦海裡成為行動，應積極覺察心裡的意念與言行。也就是從個人出發，先把自己的心淨化，變成一個更好的人，絕不滋生是非，不被煩雜瑣事擾亂平靜的心，才能夠輕盈自在地與自己獨處、與親友相處、與同事合作，或是與另一伴生活。

要時時刻刻自我對話，照顧好內心深處的根源，看見思緒、審視意念、尋找良善。有一天我們就會明瞭，這些曾經走過的階梯，每一步都意義非凡。因為，珍愛自己、追求內涵的我們，已在前方開啟了一扇通往幸福的門。

02

成熟婚姻，堅守基本原則

咩大寶：「之前小咩老師曾經說過，要和另一伴有深度交流跟良好的溝通，但是我還是有一些疑問耶！」

咩小寶：「哦？有什麼疑問？你說來聽聽。」

咩大寶：「就是有什麼方法可以讓溝通變成深度交流阿？像是……有時候你們女生在跟我們男生溝通的時候，都會劈哩啪啦說不停，而且都好凶，這時候雙方通常都會吵架，根本沒辦法繼續談話，又怎麼會有深度交流呢？」

咩小寶：「你這個問題問得很好，我也好想知道！別急別急，我們請小咩老師說給我們聽！」

前面我們聊到「深度交流」的重要性，我覺得這是夫妻關係裡最神奇的一部分，如果你希望和另一伴的關係，能夠昇華到更高境界，那就全靠它了。所以，在養成與另一伴深度交流的習慣之前，我們應該先注意以下所提及的幾個執行重點，才能打開深度交流的大門。

戰勝情緒性的字眼

夫妻之間的爭吵，常常始於不良的態度，或是使用了情緒化的語言；若想要進入深度交流的境界，就務必要先改掉不良的互動模式。我舉例說明，如果最近我老公常常晚回家，講了很多次他都不改，今天我終於忍不住爆發了，當我一看到他回家就大聲地說：「你真的很過分，一天比一天晚，你這樣幹嘛要跟我結婚？你就一直工作、一直工作、一直工作就好啦，不要回家嘛！」這時候有些老公因為工作很累、很煩，就不會自覺地與老婆吵起來了！

其實做老公的，根本不必與對方一起入戲，在這個情況下，一定要忽略太太所有情緒化的用詞和語氣，包括音量和扭曲生氣的表情，這些外表的呈現全都不要在意！你只要靜下來想想，太太說這些話的動機是什麼？她不就是因為很愛你，希望你能多花一點時間陪陪她、陪陪孩子嗎？想清楚了對嗎？這時候你只要說：「老婆，不要生氣！我知道你是希望我多陪你，以後我一定會盡量早點回家好不好？」她如果再吵，你就溫柔地再說，只要你看懂對方的心，就不會跟她硬碰硬了。

男生女生都該這麼做，在對方感到不平、氣憤的時候，我們一定要靜下心來思考，對方此刻生氣的內在需求到底是什麼？然後只依對方的需求動機來回應，絕不受情緒化的用語或表情影響，那兩個人就不容易吵起來了！相信我，這真的是一個大絕招。只讀對方的心，其他都跳過，這樣對方就會被你的理智、溫柔，搞得一點辦法也沒有。

不對家人傾倒垃圾

全世界我們最不該傾倒情緒垃圾的對象，應該是我們最愛的家人對吧？但是與我們最親的家人或是另一伴，卻是最常見到我們態度糟糕、很凶、很壞的樣子的一群人。

邏輯上，我們應該傾倒情緒垃圾的對象，應該是我們不愛的人、對我們不好的人，或是我們討厭的人才合理吧！但是試問，我們敢向不愛的陌生人倒垃圾嗎？我們敢對態度很凶的老闆倒垃圾嗎？不敢，對不對？這不是很不公平嗎？我們不愛他，但不敢對他壞；我們最愛他，卻對他最壞。這是一個既奇怪又惡劣的行為。

所以，對自己的家人或愛人，一定要用文雅的方式溝通，不可以因為是親人就鬆懈了態度，糟蹋對方，把對方當成了情緒垃圾桶。

在這裡我想要補充說明一下，用文雅的方式溝通，應該是對所有人，而不只是親人或愛人而已。我曾經見過一個朋友，平常很熱心、很喜歡幫助別人，但一遇到她無法掌控的局面，就會開始失去理智，對朋友大吼大叫。有一次我們通電話談事情，突然間，她對一旁北上來家裡看她的母親大吼大叫，我很訝異地問她：「你怎麼會跟你母親也這麼說話？」她回答我：「這樣還好阿！我們在家裡，從小到大都是這麼說話的阿！」我終於理解，她為什麼會對朋友無禮的原因了，而這樣的說話習慣，總是讓她有吃不完的虧。

每個人在生活中都會有不順心、不如意的時刻，有些人壓抑不了，直接就在外人面前大發雷霆，搞得周圍的人不舒服。而大部分的人，都會先壓抑自己的不滿或怒氣，等面對親人時，才控制不住發洩出來。其實，遇到不平，心裡產生負面情緒是正常的，但，難道只有壓抑自己或傷害他人，才能找到情緒的出口嗎？

我們要試著與自己的各種情緒做朋友，當我們與朋友狂歡時，用內心的眼睛「看見」它，深呼吸，想一下，然後對自己說：「嘿！你現在處於興奮狀態，動作不太穩囉！不能喝太多酒阿！」當我們和同事的意見產生分歧，兩人因辯論變得激動時，用內心的眼睛「看見」它，深呼吸，想一下，然後對自己說：「嘿！你的情緒正處於激動狀態，樣子變得好凶！別忘了合作的初衷，試試別的溝通方法吧！」當你與另一伴為了孩子的教育問題，爭得臉紅脖子粗時，用內心的眼睛「看見」它，深呼吸，想一下，然後對自己說：「嘿！你的情緒正處於憤怒狀態，音調太高、聲音太大了！教育方式千百種，兒孫自有兒孫福，有什麼比眼前這位你最愛的人還重要呢？」

只要養成習慣，觀察思緒、看見意念，接受自己當下的情緒、觀察身體的改變，然後深呼吸，平靜一下……那位內在的好朋友，就會出來陪伴你、帶領你，與你的情緒一起走在更平靜的路上。

錢關不過人生難過

「錢」常常是夫妻相處時的一大問題，它常常打擊著我們對生活的信心。當我們已經決定要跟對方在一起了，就一定要疼惜對方，千萬不要把錢看得太重、老是沒有安全感，滿腦子只想著錢、錢、錢。要知道，在生活裡，我們若常為金錢擔憂、吝嗇，或是抱怨、沮喪，臉上的表情很容易變得難看，說出的話語也容易難聽，這些都是很傷夫妻感情的行為。

可別以為只有窮夫妻會為錢感到煩擾，也有經濟狀況很不錯的家庭，夫妻中的一方，對錢仍無安全感，把錢看得非常重。小敏年輕時因為貪心，曾被老鼠會倒了好幾百萬，和老公結婚後，又被朋友慫恿借出好幾百萬，只為了得到百分之八的利息，但很不幸地，她又被騙了。由於她個人的存款都被騙光了，所以每天煩躁又憂鬱。因為如此，她對老公的十多萬月薪，總是抓得牢牢的！先生希望搬到離公司近一點的地方，她不肯；先生想買電動滑板車代步，她也不肯……堅持住在那間，租金很低、狹小得連廚房都沒有的房子裡，而老公想買喜歡的東西，她也一律不准，只因為要省錢。

看到這裡，我們大概都為小敏的先生感到委屈吧！其實，他倆本來可以過得很好，就因為小敏的「貪」，才一次又一次地被騙；即使先生薪水很好，兩人沒有小孩，花費並不多，但在自責的壓力下，她變得自私、吝嗇、無情，完全漠視先生對生活的期待，也忽略了那份對家人應該保有的疼愛。

試問一下，當初你那麼愛的那個人，如今他在你心中，已經變得比金錢都不如了嗎？不只是小敏，這也是許多夫妻之間常會發生的荒謬現象。當然不只是夫妻，也大有重男輕女的父母親，把孝順女兒當作空氣視而不見，將內心的愛與家產全都給了對他們態度惡劣的敗家子。像這樣任由金錢支配理智，不知反省、滋養心魔的故事，時常在我們身邊或社會新聞裡上演；金錢本身無罪，貪婪的人心才是舵手。我們務必要時時警惕自己，千萬不要被金錢盜竊了良知，喪失辨識是非的能力，以及心中的愛。

對金錢沒有安全感的人不計其數，有些人受到家庭的影響，有些人是與生俱來的個性，我們不需要討厭這樣的自己，倒是可以想想，如何做才能擺脫這樣的思維與習性？金錢會跟隨人的一生，如果能早點習得溫暖、適切的生活哲學，那麼對未來的自己、身邊心愛的人，甚至是親朋好友，都會產生很好的能量。

我推薦一部日本電影《佐賀的超級阿嬤》，電影裡的主人公，從小深受阿嬤的影響，成為一個成熟快樂的人。超級阿嬤的人生哲學，對我的影響也同樣深遠。在此當然不能透漏劇情，就把感動的時刻，留給專注看著電影的您。

在帳戶裡存入情感

當你願意只讀對方的心、不回應情緒化的字眼、不逞口舌之能、不把你愛的人當情緒垃圾桶，還能不為金錢所控，那麼恭喜你，你將可以自在地與另一伴進行各種深度交流了，因為那些會阻礙你們深度溝通的變因，都已被你掃除與克服。

接下來要做的是，多閱讀。為什麼要懂得更多呢？雖然你已經變得優雅、大方又溫暖，但還不足以擔任一位深度交流的好伴侶，因為我們的另一伴，還是有可能發生一些親情、友情、事業……等等方面的人生問題，如果我們只能一再傾聽，單單給予心靈上的支持，無法提供睿智的開導，那麼對方的問題可能無法實際解決，對彼此的成長也有限。別忘了要以愛說出誠實的話，而誠實的話若能有深度、有見解，不是對兩人更好嗎？

不喜歡閱讀也沒關係，現在網路上有許多介紹好書的頻道，或是能增加我們生命智慧的演講，短短十至三十分鐘，就能聽到一本暢銷書的精華，或是一位閱歷豐富的智者，帶給我們心靈滿滿的生命體悟。浸淫一段時間後我們會發現，以前聽完對方的問題，可能不知道要說什麼，或是擔心自己的意見是否正確，但經過一段時間的努力學習，大腦產生了質變，讓我們得以說出更為客觀有效的看法或建議。更難能可貴的是，當我們努力變得更好的同時，另一伴會看到我們的改變，他極有可能被你影響，也一起走上學習之路。以我為例，剛結婚的前十年，每當我有不順利的事情發生，每次都是在我老公的陪伴、傾聽與引導下，經歷了很美好的交流經驗，他對我的幫助真的很大，雖然他小我十一歲，但心靈的智慧遠遠在我之上，所以我也就習慣了這樣「不對等」的交流關係。

近五年，聽覺型的我，愛上了聽人說書與演講，就好像在沙漠中尋獲了甘泉，求知若渴。在幾百本書、幾百場演講的薰陶下，這幾年，我終於也能成為我老公的智慧伴侶。更讓我開心的是，原本就特別成熟、溫暖的他，竟也開始著迷於聽書和演講，潛移默化下，我發現他的談吐更增添了深度與力量。

深度交流到底是什麼？之前我提過兩個需要協助的例子：一個是關於我在FB上看到朋友的貼文，產生了不舒服的感覺；另一個是關於求學時的陰霾，影響了我的交友習慣。因為我們夫妻已具備了暢行無阻的溝通條件，所以我能在完全信任他的情況下，將自己原本不願讓外人知道的問題，說出來與他討論。在這種交流過程中，我需要的已不僅是訴說與傾聽，更希望得到的是同理、提問、討論，甚至是開導。現在的我，有時也能在深度交流時擔任老公的領航人，這是我很感恩的部分。

歷經過深度交流的夫妻，會有一種心與心緊密貼合的感覺，那是一種深深信任對方的平靜與喜悅。你會發現，有時候你的另一伴，好像你的父親或母親般地保護著你；有時候他又像是你的好友或閨密，可以與你一起分享，原本不可能會和另一伴說出口的秘密……因為你們之間的關係，已經變得深且廣，沒有局限。

Lesson 8

愛或不愛，都在細節裡

賀世芳

01

男女腦大不同阿！

咩大寶：「小寶，說真的，聽了小咩老師的教導後，我對於日後跟女朋友相處，增加了不少信心耶！」

咩小寶：「我也是！我把小咩老師教導的內容，實踐在平常跟男朋友的相處上，真的比以前順利好多！尤其是，我學著不用自己的角度去要求男朋友做出改變後，我們的相處變得輕鬆自在好多。」

咩大寶：「我在『成熟婚姻，堅守基本原則』這個部分也有很大的收穫，以後我一定會好好遵守！」

咩小寶：「呵呵，太棒了！」

咩大寶：「對了，聽小咩老師說，接下來會分享一些她與老公的生活故事，好期待喔！」

咩小寶：「耶！我們趕快去找小咩老師！」

就像前面提到的，我和老公的戀情不是一見鍾情，也沒有天雷勾動地火，純粹就是因為，那時我反省了之前的失敗戀情都有一些共通性，讓我後來不敢再以外在條件交朋友，才幸運地給了自己一個認識好男人的機會。

但，即使是跟我認為的好男人生活在一起，長達十六年的時間，也不是一件簡單的事情，畢竟我們都只是凡人。他在認識我以前，只有一次的戀愛經驗；而我，是一個背負著許多錯誤戀愛習性的人，這樣的兩個人要生活在一起，其實充滿了挑戰。

這十六年裡，我並沒有刻意觀察我們做了什麼，但既然能一路快樂幸福地走到今天，我知道不可能沒有原因。

從小到大，學校裡都沒有專門的課程，教導我們如何選擇好伴侶、如何獲得幸福的婚姻，我們總是順著欲望、憑藉運氣，在愛情這條路上跌跌撞撞，失敗了再站起來，或是選擇放棄。

我們總以為愛情會失敗很正常，它是成長必經的過程，傷痛是再自然不過的事！但今天的我不再這麼認為，我堅定地相信——愛情是可以學習的，是能被帶領的，我們不該再將愛情帶來的傷害，視作一種命中注定，或是成長必須付出的代價。

因此，當出版社邀請我寫這本書後，我不斷砥礪自己，一定要靜下心來仔細地回憶，好好地整理，因為，哪怕只是書裡的一個想法、一個理念，或是故事裡的一小段話，都能夠不知不覺地影響一對戀人，就算只有一個人，我都覺得非常值得。因為那將可能避免一個錯誤的選擇、相處帶來的傷害，或是一顆難以撫平的心靈。

在人生路上，要從這條外求的軌道脫離很不容易，我和先生都在努力中。底下有六個生活小故事跟大家分享，作為本書的結尾，我們共勉。

疫情期間我和先生不能再像之前一樣，偶爾去電影院看個電影，或是在餐廳裡享受美食，作為閒暇之餘的浪漫約會。約會型態只好改成使用 APP 外送或是外帶餐點，一起在家裡看 Netflix。萬華長大的老公一向喜歡吃台式小吃，我也很愛，但因為怕胖，比較不敢吃多油的食物。

有天約會前，老公說他會負責帶食物回來，我趕緊跟老公語音留言說：「今天不要再買台灣小吃喔，我怕肥！」

後來老公回電：「那你今天有出門，就在外面帶自己喜歡的食物回來。」

我：「好吧！你想吃什麼？」

老公：「你買你喜歡的就好！我再看看。」

我：「我正好在 SOGO 附近，我下去超市找！」

結果，兩人在家裡集合了。

我帶了四道料理，外加他喜歡的烤雞和巧克力甜點。

他居然跟我說：「可是我在工廠吃飽咧！」

我：「你不是說下午要約會？本來你還要帶食物回來的！」這時我心裡很詫異，而且冒火了！

老公：「可是我們不是說好，你買你喜歡吃的食物嗎？」

我繼續問：「對，但我什麼時候有過只買自己的食物，沒買你的部分？」

老公：「我的重點是，我以為我們說好了，你帶回你愛吃的食物就好。」

我不死心，又繼續追問：「那你的食物呢？如果我帶我的，那你的食物在哪

Change Your Life

裡？」

老公：「後來在工廠裡，我看到媽媽做的剩菜剩飯，就隨便扒兩口吃飽了。」

此時我仍質問：「我們不是說好要約會，要一起吃飯看電影嗎？你怎麼這麼輕易地就自己吃飽了，而且你沒有想想，我不可能只帶自己的食物，不可能！不可能！」

他重申：「重點是，我請你買自己喜歡的部分就好，我會處理自己的阿！」

此時我無言了，突然想起男女根本上的不同……對阿！這就是「男女腦大不同」，男生的腦，常是聚焦式思考，女生的腦，常是發散式思考。老公有了「你帶回你愛吃的食物就好」這個想法，認為這就是我倆共同的目標後，就不再多想別的部分；我想的卻是，我要來採購一番，買一些我們都喜歡的食物，回去好好享受一下，而那句「你帶回你愛吃的食物就好」完全沒有進入我的腦中，於是就衍生出後面的各自發展。

後來他說：「那我再陪你一起吃嘛！」然後從日式臥榻起身改成跪姿，一起幫著張羅食物。

我因為想到「男女大不同」其實也不氣了，就改成撒嬌任性的語氣說：「哼！你現在就是跪著在跟我認錯！」

他馬上摟著我說：「對阿，老婆我錯了，而且經過這次，我們又更瞭解彼此了！」

他雖然是直直的男生，但真的好有智慧，好棒！而我也沒有堅持己見，以為自己就是對的，也挺不錯。呵呵！其實，兩個人若能有這樣的處理態度，那麼生活裡的爭執反倒是有建設性的。

02 夫妻之間說話要有禮貌

前些日子看到艾力克斯和李詠嫻夫妻倆的受訪影片，其中有一段令我印象深刻，他們在剛開始交往時就規定好——絕對不可以說髒話。像是電影裡老外有時會掛嘴上B開頭或是F開頭的話都不可以，因為他們覺得說髒話太沒有禮貌了。

這讓我想起來，我跟老公剛認識的時候也訂過類似的規定，而且是更嚴格的。十幾年前，當我們交往一陣子後，兩個人愈來愈熟，說話也愈來愈自在了，有一回在馬路邊，我不記得我先問了什麼，他回我一句：「廢話，當然囉！」當時我立刻跟他說：「你這麼說話很沒禮貌，要接受處罰！」他說好，我說打屁股好了，他真的很可愛，馬上就把褲子脫一邊，露出可以被打的一塊肉，真的要讓我打，我也沒在客氣，立刻就很用力地打下去，雖然不會非常痛，但絕對有達到教訓效果的那種程度。

還有一次聊天他講了一句：「白癡喔，一定是這樣阿！」我也立刻說：「不行，你不能說別人是白癡！」然後他又被我打屁股。

或是他說：「對啦！我知道啦！」我就說「啦」放句尾，聽起來好像很不耐煩，這麼說話也要打！

哈哈！就是在打屁股的處罰訓練下，十多年來，我們兩個已經很習慣跟對方說話時，都不會出現粗俗、無禮或不耐煩的字眼。現在回想起來，很慶幸在一開始就建立了這個良好的習慣。

禮貌的遣詞用字是必要的，它可以避免激怒對方，也防止我們說話愈來愈沒有分寸；若是演變成你一句難聽的來，我再還你一句更難聽的，最後只會吵得不可開交……這樣任由負面能量傳遞，彼此的衝突對立只會愈來愈嚴重。所以，不管是戀人或是夫妻，最好趁一開始還沒有養成壞習慣前，就把這個「說話要有禮貌」的規矩定下來，當然，如果能搭配罰則，效果有可能會更好喔！

Change Your Life

03

當我沒有安全感的時候

前陣子老公不僅一邊要忙著製麵工廠的製作和業務，一邊還要兼顧「草木妍高能量汗蒸」的人事與管理，每天忙得不可開交，我們夫妻倆的相處時間變得很少。

有一天我悶悶不樂地說：「老公，我覺得我最近沒有安全感……」

老公：「怎麼可能？你也會沒有安全感阿？」

我：「會呀！最近你都一直忙草木妍的事，比較少陪我，有時候你打電話給我，掛斷之後沒多久我再打去找你，你就沒接電話了。」

老公：「好，那以後我三不五時就打給你，好不好？」

我：「好，可是你如果一直打來，我可以不接。」

老公溫柔地說：「好。」

我：「聽好了，我可以不接，但是你要常打來！」

老公像哄孩子般拉長了尾音：「好～」很微妙，對話的當下，我的安全感就回升了。

其實後來他哪有三不五時打電話給我阿！他若真的時不時就打給我，即使我沒接起來，那也真夠麻煩吧！

回想起來，當下他並沒有在「我打給你，但你沒接電話」這件事上打轉或辯解，他是直接安撫我內心的情緒──讓我感到被疼愛、被重視。這個處理很有智慧，也是當下我所需要的。

有時候我喜歡說話欺負他，看他認了、沒有回嘴，我就會很開心，甚至大笑！其實，他常常讓我說話居於上風，或是允許我說話欺負他，是因為他知道這是我喜歡的幸福感。甚至他還跟我分析過，我是因為愛他，說話才會耍任性，同時我也在試探他對我的愛……哈哈！我只能說，這個男人真的很瞭解我，厲害阿！

在婚姻裡，要持續擁有滿滿的安全感是很難的，說真的，我也沒有辦法百分之百地信任老公，因為我只是凡人，也需要學習、體悟，才會慢慢進步。但我知道，心裡有不舒適的時候，一定要跟對方說明情況，是什麼讓你的心感到空空的、沒有安全感、鬱悶、難過、生氣……？試著把心中的感受，真切溫柔地陳述給對方聽，讓對方有機會陪你聊聊。

04 男人嘴甜真是王道

疫情前，老公開的「草木妍高能量汗蒸」生意非常好，每天預約流汗排毒的客人很多，加上他一直有在自修商業相關知識，所以未來他希望能擴大營業，在許多社區裡經營汗蒸房，讓大家能夠就近消費使用。

沒想到疫情突然爆發，我們的汗蒸房必須暫停營業，使得原本製麵工廠、汗蒸房兩頭忙的他，頓時多出了不少休息時間，也趁此機會仔細思考未來的方向。當然，我倆也多出了許多閒聊的話題。

老公：「疫情之前我總想著要將汗蒸房遍地開花，那時整天忙、忙、忙，腦子和身體都停不下來。但最近閒暇下來，我追了劇，打了電動……這樣的悠閒，是年輕時才有的時光阿！」

我：「很爽對不對？」

老公淺淺地笑著：「對阿！」

我：「所以有些人一下班回家，就喜歡追劇或打電動，這樣的日子也是一種人生選擇。」

老公：「所以，到底應該選擇什麼樣的生活呢？是之前那樣，想著擴張發展；還是目前這樣，維持現狀就好呢？」

我：「我個人覺得，徹底瞭解自己的能力和個性非常重要。以我而言，我雖然有自信可以達成許多目標，但我很清楚自己的抗壓力並不高，很容易因為壓力而影響睡眠，那我就不適合為了成就感汲汲營營，畢竟我認為睡眠對健康最重要。」

老公：「但日子要有變化阿！我想兼差去做 Uber Eats。」

我：「什麼？你已經常常騎車了還不夠？這不是增加風險嗎？而且你又不缺這個錢！」

老公：「我知道我自己的個性，我需要一些生活變化，哪怕只是偶爾跑一、兩個鐘頭都好。」

我：「變化？那你是不是也想換老婆，有個變化阿！」

老公：「嘿，這不一樣喔！我已經娶到最好的，都到頂了，為什麼要換？當然不換！」

噗！明明知道這只是逗我開心的話，但我還是聽得爽吱吱！只能說，這個男人雖然看起來很老實，但反應力真是好的不要不要的！哈哈哈！

05

「相異」也能有完美比例

有天聽「樊登讀書」（中國知名付費知識說書平台）提到十七世紀巴黎的變革，當時的文化具有一股很強的融合力量，人們願意去包容彼此之間的相異性。城市的煥然一新，始於新橋、浮日廣場、林蔭大道……等等建設；皇宮貴族與平民百姓不分階級地走在街上；平民濡染了時尚品味、貴族見識了新鮮玩意兒；人們在情感上產生了連結與同理，相異揉合後大放光芒！

家庭當然也可以如此，成員之間不一樣的特性，常常是很可貴的。以水和羹為例，以水調水，怎麼調都是水；以羹調羹，只會越調越稠；但以水調羹或是以羹調水，卻能成就完美比例。當然了，前提是一定要以尊重的心境，看待彼此的相異；若能更進一步，在相異中取得學習，那就如同水與羹的調合，會產生新的樣貌、新的局面，且具有延展性。

婚姻生活裡處處是羹與水的相遇，比方說，我老公走路速度非常非常慢，我的速度比較快，一開始跟他走在一起，我老覺得我們是在馬路上太空漫步，我的心是快的，我們的腳程卻是極慢的，我的身心總有一種被拉扯的不適感。但我沒有選擇催促他，我知道他的慢節奏來自他的個性，是從小就養成的習慣，而我的快節奏是因為配音趕班練就的；他要加快速度不容易，而我的部分是可以慢下來的，而且慢下來對我的生活、心情是好的，當然是我來配合他才好。

說真的，心裡接受了、也願意練習，要調整或改變就簡單多了。自從慢慢走路以後，我變得很享受跟老公走在一起那種等速步伐、相同節奏的感覺，原本不舒服的拉扯感也全然消失。當然，這也要謝謝當初願意放慢腳步的自己，才有機會與老公同步，一起感受慢活的美好。

06 前者流血流淚，勸了我們多少次！

過去，我有幸聽到一場演講，是前「胖達人」董事長徐洵平牧師分享——擁抱低潮，迎接新人生。徐牧師說自己年輕時因為家裡窮困、書又讀不好，內心強大的自卑感敦促他拼命工作、賺錢，雖然年輕時就坐擁勞斯萊斯、豪宅、上市公司，但他卻變得貪得無厭，事業愈擴愈大、不斷外遇，直到「胖達人」香精事件後，從此事業崩盤，人生跌入深淵。

後來，嚴重抑鬱、痛苦萬分的他，是在教會弟兄姊妹的關懷、幫助下才重新站起來。那時他看著眼前一個個溫暖熱情的人，心中很疑惑：「為什麼這些月收入三、四萬的人，能夠這麼喜悅、快樂，把我這個曾經月收入三、四千萬的人扶持起來？」

事業慘敗一年半後，他終於將「人生的幸福」到底是什麼想個透澈。以前明明金錢、名利、權勢都擁有了，但為什麼妻子想跟他離婚、兒子與他不親、生活裡只剩下無止盡的欲望與壓力？因為從小家裡、學校都教我們要讀書，將來才有成就；到了社會，人人都在追求卓越，想要賺許多錢，成為別人眼中優秀的人……這些東西，總勾引著我們的心不斷往外追求，以至於得不到時非常痛苦，已擁有時又不知足，總想要更好、更多。

在這種循環裡過日子，我們早已忘了——追求卓越的初衷，不就是為了得到幸福嗎？那為什麼幸福愈離愈遠？徐牧師終於瞭解，想要外求的東西愈多，心裡就愈怕得不到、愈怕失去、愈覺得不夠，這驅使我們逐漸走上自私的道路，只想索取，沒有時間付出，最後終將遠離幸福與快樂。

為什麼像德雷莎修女他們那樣的人，其內心能夠充滿平靜與喜悅？就是因為他們對世俗的物質沒有貪念，全心全意只想著付出、給予，所以，他們不會因欲望不滿而焦慮，更無須因恐懼失去而煩憂，在他們胸懷裡流淌的是無限的溫暖、安全與幸福感。

非常感謝徐牧師分享自己人生翻轉的故事——從原本一顆貪婪的心，回歸真實與樸質的心路歷程，深刻地提醒我們，奮不顧身地外求成就，只會離幸福愈來愈遠。

我想，除了累積財富，許多人也走過類似的路，一心想要證明自己的才能，想要變得更強、更優秀，於是去上各種才藝課、語言課、投資課、電商課、行銷課……等等，其實這與商人無止盡的貪財心態無異，也是一種外求的欲罷不能。

有人問：「我們想要才華、財富與內心的幸福感兼得，可以嗎？」能量是不滅的，我們花了許多時間與精神，處心積慮在累積才藝、聲譽或錢財上，勢必能給予內心平靜與喜悅的時間與心力就會減少，這是公平的。當然也有那種願意將大部分財富捐出去的富人，如巴菲特或周潤發等人，視「利他」於個人財富之前，在得到世俗的成功後，他們也找到了幸福的真諦——給予。

07 是什麼左右了我們的選擇？

你有過這個經驗嗎？當我們在公園裡，看到孩童們自由奔跑的天真模樣，心情也跟著愉悅起來；當我們在影片裡，聽到幼兒們如銀鈴般的童言笑語，嘴角不自覺地上揚起來！

想想，我們不都是從一個可愛的孩童，慢慢成長到如今的模樣嗎？到底是什麼原因，讓許多成年人走往恐懼的方向？講話的聲音，漸漸卡在喉嚨裡，不是音量太小就是含糊不清，再也無法像孩童一樣，毫無阻礙地將聲音傳送出去。又是什麼因素，讓我們在大家面前，逐漸隱藏起真實的情緒，變得內斂又多慮，不再輕易地與人真情交流、開懷大笑？

有沒有可能是因為，在成長過程裡，父母總拿我們和別家小孩不斷比較，希望我們好還要更好，使我們很自然地習慣了競爭？而我們自己也在表象的誘惑下，走進了攀比的軌道？

例如，求學階段，考試得到了高分，我們就雀躍開心，分數退步了，我們就落寞難過；別人會彈琴、會畫畫，我們默默在心裡羨慕不已；別的同學穿著美麗的衣裳，我們打從心裡也希望能擁有一件。出社會後，看到別人有車、有房，我們也將之列為人生目標；看見別人加薪、升職，我們不禁對自己的前途擔憂起來；得知朋友嫁給了地主、富豪，或是娶了美女、尤物，心中更是激起了羨慕忌妒的波濤……。

這些種種，不知不覺影響了我們的價值觀，混淆了選擇對象的判斷力，並造成如下的因果關係——我們變成一個只懂得追求表象的凡夫，欣賞或吸引的對象，就會是那種只注重包裝的俗子。接著，不重視內在修為的兩人，因外在條件和激情而結婚，不僅沒有真正瞭解對方，也不懂得同理與愛，於是，在「相愛容易相處難」的慣例下，沒多久就走上了形同陌路或分道揚鑣之路，加入「性格不合」的大家庭。

上面這種人，可能就是這一代的我們！過去，我們雖然是這麼走來的，在成長中嚐盡了錯誤的滋味，但未來，我們有責任要保護好下一代！讓我們一起努力，陪著他們認識、尊重人與人之間的差異性；教導他們要自帶底氣，懂得欣賞自己與他人；並帶領著他們，拒絕物質世界的誘惑，絕不讓「比較」的惡習，荼毒他們的心靈！

祝福——

願所有完成幸福旅程的有情人，戀愛長長久久！

Change Your Life

國家圖書館出版品預行編目資料

找到好伴侶：改變人生的第6個方法/王鼎琪, 王宣雯, 賀世芳 著. -- 初版. -- 新北市：啟思出版，采舍國際有限公司發行,2022.01 面；公分
ISBN 978-986-271-927-5（平裝）

1.擇偶 2.兩性關係 3.生活指導

544.31 110019131

啟思 Cheese Group

How to 找到好伴侶

出 版 者 ◤ 啟思
作　　者 ◤ 王鼎琪、王宣雯、賀世芳（文字整理：封盈）
（作者名依姓氏筆畫排序）
品質總監 ◤ 王寶玲　　文字編輯 ◤ 范心瑜
總 編 輯 ◤ 歐綾纖　　美術設計 ◤ 蔡瑪麗

台灣出版中心 ◤ 新北市中和區中山路2段366巷10號10樓
電　　話 ◤ (02) 2248-7896　　傳　　真 ◤ (02) 2248-7758
I S B N ◤ 978-986-271-927-5
出版日期 ◤ 2022年1月初版

全球華文市場總代理 ◤ 采舍國際
地　　址 ◤ 新北市中和區中山路2段366巷10號3樓
電　　話 ◤ (02) 8245-8786　　傳　　真 ◤ (02) 8245-8718

全系列書系特約展示
新絲路網路書店
地　　址 ◤ 新北市中和區中山路2段366巷10號10樓
電　　話 ◤ (02) 8245-9896
網　　址 ◤ www.silkbook.com

線上 pbook&ebook 總代理 ◤ 全球華文聯合出版平台
地　　址 ◤ 新北市中和區中山路2段366巷10號10樓
主題討論區 ◤ www.silkbook.com/bookclub　　● 新絲路讀書會
紙本書平台 ◤ www.book4u.com.tw　　● 華文網網路書店
電子書下載 ◤ www.book4u.com.tw　　● 電子書中心 (Acrobat Reader)

本書採減碳印製流程，碳足跡追蹤並使用優質中性紙（Acid & Alkali Free）通過綠色環保認證，最符環保要求。

華文自資出版平台
www.book4u.com.tw
elsa @mail.book4u.com.tw
全球最大的華文圖書自費出版中心
專業客製化自資出版．發行通路全國最強！